아줌마 당신은 참 괜찮은 사람입니다

엄마, 아내, 며느리가 아닌 행복한 여자로 거듭나는 마음 수업

아줌마 당신은
참 괜찮은 사람입니다

아줌마의, 아줌마를 위한,
아줌마에 의한 단 하나뿐인 책!

| 윤숙 지음 |

팬덤북스

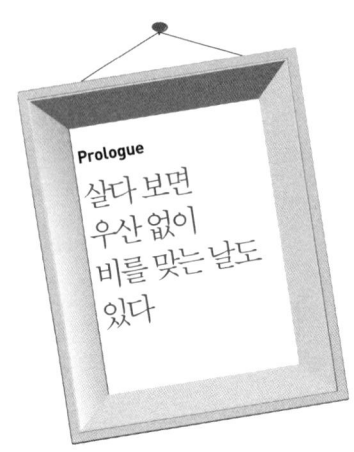

Prologue

살다 보면
우산 없이
비를 맞는 날도
있다

아이를 낳고 키우다 보면 누가 시키는 것도 아닌데 차림새가 초라해진다. 남편의 월급이 빤한 것도 한 이유지만 스스로 꾸밀 여유가 없기 때문이기도 하다. 아이가 태어나면 하루에도 수십 번씩 아이를 안고 눕히고, 또 일어났다 앉았다를 반복한다. 자연 편한 트레이닝 바지를 입게 된다. 신발은 굽이 있는 구두보다는 아이를 안고 업을 때 무리가 가지 않는 운동화를 신게 된다. 몇 년 후 첫 아이가 크고 여유가 생길 때쯤 둘째가 생긴다. 아이를 낳고 키우는 일은 힘들다. 한 번도 연습해 본 적 없는 '엄마'라는 직업은 참 외롭고 힘든 일이다.

　나도 별반 다르지 않았다. 일까지 그만두고 남들이 말하는 전업주부로 남편 뒷바라지와 육아에 전력을 다했다. 어린 시절 바쁜 엄마의 뒷모습만 보고 자란 탓에 빈자리를 만들지 말아야겠다고 생각했기 때문이다. 그래야 가정이 행복한 줄 알았다. 아등바등 더 잘살아보겠다고 집 구석구석을 쓸고 닦았고, 예쁜 집을 만들어 보겠다며 '디아이와이'DIY, do it yourself의 약어에도 열광했다. 만들고 칠하고 쌓으며 성을 지었다. 하지만 그렇게 아줌마로 사는 동안 나 자신은 잊어 가고 있었다.

　그러다 남편의 외도를 알았고 내면의 많은 변화를 겪다 마침내 이혼을 결심했다. 그리고 법정으로 가는 길, 그동안 내가 어떻게 살았는지 깨달았다. 법정을 가려고 나서려는데 옷장에 정장 한 벌, 구두 한 켤레가 없었다. 그 당시 집에는 최고급은 아니지만 양문형 냉장고도 있고, 드럼 세탁기도 있고, 가죽 소파 등 다 있었지만, 정작 인생의 가장 중요한 결정을 하러 가는 순간, 내겐 폼 나게 입고 나갈 옷 한 벌이 없었다. 착한 현모양처 놀이에 빠져 알뜰 살림꾼으로 거듭나려 애쓴 결과였다. 이 말은 단순히 옷에 대한 이야기가 아니다. 나에게 투자하지 않고 가꾸지 않았다는 얘기다. 그랬다. 결혼, 가정, 알뜰한 주부, 지혜로운 아내에 대한 환상에 젖어 나를 잃었다.

그저 참고 잘 견디면 행복의 무지개가 늘 떠 있을 거라 생각했다.

이혼하지 않겠다며 버티는 남편에게 사회에서 매장시키겠다는 말도 안 되는 갖은 협박을 퍼부으며 그를 법정까지 끌고 갔다. 우리 부부는 도장을 찍고도 이혼하지 않았다. '3개월'이라는 조정 기간 후 최종 이혼 합의서를 제출하지 않았기 때문이다. 그 시간 동안 남편은 회사일로, 나는 육아 등으로 하지 못했던 자기 이야기를 꺼내 놓기 시작했다. 예전보다 더 잘 살아보기로 합의했고 지금은 그렇게 살고 있다. 그 이후 나는 변하기 시작했다. 결혼 전 혼자 다니던 여행을 다시 시작했고, 간간히 프리랜서 일도 찾게 되었다. 삶의 우선순위가 바뀐 것이다. 가족에 대한 시간 투자 비율에 나를 포함시켰다.

또한 관심을 갖고 보기 시작하자 다른 여자들도 하나같이 나와 비슷한 이유 때문에 매우 힘든 시기를 보낸다는 것을 알았다. 많은 여성들이 남편의 외도로 고통을 받고 있으며 나아지고 싶지만 그 방법을 모른다는 것도 말이다.

나는 그 터널을 빠져나오기 위해 수많은 책을 찾았다. 그러나 도서관과 서점을 아무리 뒤져도 직접적으로 도움 받을 만한 한 권의 책도 찾지 못했다. 대부분의 책들이 젊은이 혹은 비즈니스맨을 위한 자기 계발서이거나 성공한 여성들의 이야기, 혹은 자녀 교육서 같은 것뿐이었다. 여기에 중년 여성이 설 자리는 없었다.

그 후 나의 시행착오를 바탕으로 블로그에 '아줌마, 당신은 참 괜찮은 사람입니다'라는 제목으로 글을 쓰기 시작했고, 지금은 카페

'아줌마 학교'로 자리를 옮겨 이어지고 있다. 처음 시작이 7, 8년 전이니 꽤 오래 되었다. 많은 아줌마들이 다녀갔고 힘든 시기를 넘기고 각자 자기 자리로 돌아갔다. 그럼에도 여전히 같은 고민을 가진 여성들이 글을 쓰고 또 쪽지를 보낸다. 그래서 중년에 초점을 둔 '아줌마를 위한 자기 계발서'란 책을 출판하기로 결심했다. 물론 블로그에 오는 분들의 권유가 없었다면 생각지 못했을 일이다. 글을 정리하다 보니 너무 날 것 같은 글들도 있고, 특히 외도에 있어 내 사례는 다 지난 이야기라 빼고 싶기도 했다. 하지만 블로그에서 팬을 자칭하는 분들의 이야기를 듣고 마음을 고쳐먹었다. 남편의 외도 때문에 블로그에 처음 온 분들은 내 사례를 접한 후 '외도, 별거 아니구나. 곧 극복하겠군!' 하며 위로받았고, 변화, 자기계발, 성장을 꿈꾸게 되었다고 했다. 그래서 이 책에서 빼고 싶던 내 사례 부분도 그냥 두기로 한다. 이것이 도움을 주고자 했던 원래 취지에 맞다. 이 책 역시 글을 써 온 순서대로 '외도'에서 시작해 '성장'으로 가려 한다.

많은 중년 여성들에게 도움이 되고자 봄부터 무더운 여름까지, 원고를 꼼짝없이 붙들고 앉아 열심히 썼음에도 여전히 모자라고 부족하다. 하지만 어느 누구에게도 드러내지 못하고 고민하는 아줌마들에게는 큰 도움이 될 거라 감히 생각해 본다.

'누구나 인생을 살다 보면 비를 맞는다.' 비는 공평하게 땅을 적신다. 시간차와 지역차가 있을 뿐이다. 같은 비를 맞지만 결과는 저마다 다르다. 어떤 땅에서는 싹이 나고, 꽃이 피며 열매가 열린다. 이에 반해 어떤 땅에서는 웅덩이가 생기고, 그것이 고여 썩은 물이 된다. 인생을 살면서 아줌마 역시 비를 맞는다. '비'란 인생의 시련이다. 남편의 외도와 시댁 갈등, 또 자녀 문제로 '왜 나만 이래야 해?' 하고 생각하겠지만 시간차와 개인차가 있을 뿐 누구나 비를 맞는다.

앞에서 이야기한 것처럼 어떤 아줌마는 비를 맞은 후 새롭게 싹을 틔우고 꽃과 열매를 맺는다. 시련을 통해 잊고 살았던 나를 돌아보게 되고, 그 반성을 계기로 나를 일으켜 세워 다시 시작한다. 그 아줌마에게 비는 더 이상 '시련'이 아니라 '선물'이다.

하지만 어떤 아줌마에게 비는 웅덩이처럼 파여 상처만 된다. 조금만 자극을 주어도 아파 견디지 못하고 우울의 늪에 빠진다. 가둬 두고 썩히니 냄새가 진동한다. 자신을 반복적으로 원망하고 미워하면서 주변 사람까지 힘들게 한다.

그렇다면 누구는 꽃을 피우는데 누구는 왜 웅덩이를 만들까? 빗속으로 들어간 사람은 꽃을 피울 수 있다. 그 시련과 정면으로 마주해 비를 맞고 한바탕 몸살을 겪고 나면 언제 그랬냐는 듯이 건강해진다. 오히려 면역력까지 생겨 다시 비를 맞아도 앓아눕는 일이 없다. 반면 비 맞기가 두려워 그 비가 그치기를 기다리며 지붕 밑에 웅크리고 있으면 웅덩이를 만들기 쉽다.

살다 보면 누구나 한 번은 비를 맞는다. 절대 지나가지 않을 것 같지만 비는 그치고 맑은 하늘이 보인다. 싹도 나고 자란다. 비는 그동안 생각해 보지 않았던 나를 돌아보게 한다. 비를 맞으며 맑은 날의 행복을 알게 되고, 사는 동안 나를 위해 멋진 우산 하나 장만하지 않았다는 것을 알게 되며, 사느라 바쁘다는 핑계로 만나지 않아 우산 하나 가져다 줄 친구가 없다는 것도 알게 된다. 비를 맞고 제대로 견딘 사람이라면 '앞으로는 이렇게 살아야지!' 하고 삶의 방향까지 수정하게 된다.

　나 역시 그렇게 비를 맞고 아줌마로 산 날들을 돌아보았다. 비가 아니었다면 진정한 나로 돌아오기까지 몇 년 더 시간을 낭비했을지도 모른다. 비 덕분에 일찍 정신 차리고 일어선 셈이다. 그 결과 젊은 날의 열정으로 삶의 의미와 목적을 다시 고민하기 시작했다.

　당신도 할 수 있는 일이다. 왜냐하면 아줌마 당신은 참 괜찮은 사람이었고, 여전히 괜찮은 사람으로 돌아갈 수 있기 때문이다.

"강인함이란 삶의 폭풍에 용감하게 맞서 실패가 무엇인지 알고, 거기서 슬픔과 고통을 느끼는 과정을 통해 얻게 된단다. 그러니까 말이지 비탄의 구렁텅이에 빠져보고 나서야 얻을 수 있는 것이란다. 너는 폭풍 속에서도 일어서야 하고, 바람과 추위, 어둠에도 용감하게 맞서야 하지. 폭풍이 부는 것은 너를 쓰러뜨리기 위해서가 아니라 사실은 네가 좀 더 강인해지도록 도와주기 위해서란다."

– 조셉 M. 마셜, 《그래도 계속 가라》 중에서

contents

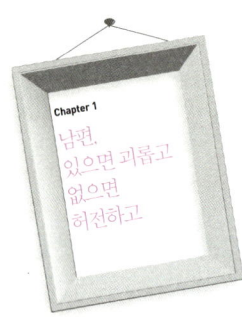

Prologue

살다 보면 우산 없이 비를 맞는 날도 있다 _ 4

Chapter 1
남편,
있으면 괴롭고
없으면
허전하고

• 외도, 절대로 있을 수 없는 일이 일어난 것은 아니다 _ 17

• 이제 어떻게 해야 할까? _ 21

• 외도에 대처하는 자세 _ 27

• 다 지나간 일이라면 쓰레기통까지 비워라 _ 32

• 허수아비랑 싸우지 마라 _ 37

• 사랑했기 때문에 쉽지 않은 용서와 화해의 길 _ 42

• 선택을 미룰수록 고통의 시간은 길다 _ 45

• 아내의 후폭풍은 반드시 오기 마련이다 _ 49

• 머리로는 이해가 되는데 마음으로는 용서가 안 된다면 _ 53

• 헌 부대는 버리고 새 부대를 준비하자 _ 57

• 당신을 두렵게 하는 실체를 찾아 나서라 _ 61

• 막장 드라마 찍자는 남편 대처하기 _ 65

• 아이들에게도 말해야 하나요? _ 69

• 물증은 없고 심증만 있을 때 _ 74

• 남편의 술자리 어디까지 믿어야 할까? _ 77

• 불륜 드라마에 빠지느니 차라리 지름신을 영접하라 _ 80

외도편 깨알 Tip _ 82

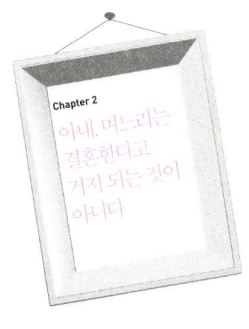

Chapter 2

아내, 며느리는
결혼한다고
거저 되는 것이
아니다

• 결혼은 온전한 둘로 사는 것이다 _ 89

• 존중받는 여자로 사는 법 _ 94

• 남편과 친구처럼 대화하는 법 _ 98

• 목매는 순간, 관계는 숨 막혀 온다 _ 104

• 부모님, 결혼생활의 그림자 _ 107

• 다시 태어나도 지금 남자와 살 수밖에 없는 이유 _ 111

• 여자의 적은 여자다 _ 114

• 비밀스러운 즐거움이 부부애를 만든다 _ 118

• 손찌검, 처음이라고 봐주면 바로잡을 기회는 영영 오지 않는다 _ 123

• 박수 치기 위해서는 움켜쥔 손을 펴야 한다 _ 128

• 부부는 서로의 부모다 _ 132

• 현대판 신데렐라, 시월드 _ 136

• 시댁 스트레스로부터 가정을 지키는 법 _ 140

• 종교 갈등은 단호박이 답이다 _ 145

관계편 깨알 Tip _ 147

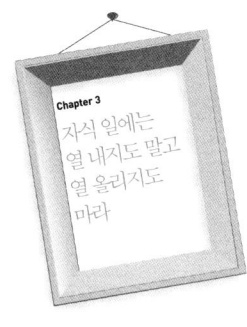

Chapter 3
자식 일에는
열 내지도 말고
열 올리지도
마라

• 중요한 것은 학원이 아니라 엄마의 '밑그림'이다 _ 153

• 내가 못 해 본 것을 아이에게 강요하지 마라 _ 158

• 공부만 잘하는 아이는 어디다 쓰려고 _ 165

• 용돈을 당연하게 생각하지 마라 _ 169

• 경제 개념을 가르쳐야 효자가 된다 _ 174

• 무능력하다는 소리 듣고 싶다면 원하는 건 뭐든 사 줘라 _ 178

• 게임 중독은 대부분 엄마가 만든다 _ 183

• 아이 문제에서만큼은 무조건 닭이 먼저다 _ 187

• 아이에게 내 두려움을 그대로 물려주지 않기 _ 191

• 집에서 가르쳐야 밖에서 손가락질받지 않는다 _ 197

• 사랑의 매, 어떻게 들고 계시나요? _ 201

• 내 자식도 정말 미울 때가 있다 _ 206

• 학교 폭력으로부터 내 아이를 보호하는 법 _ 209

• 엄마의 잘못된 사랑이 형제를 갈라놓는다 _ 214

자녀편 깨알 Tip _ 218

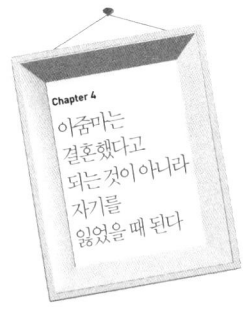

Chapter 4

아줌마는
결혼했다고
되는 것이 아니라
자기를
잃었을 때 된다

• 400년쯤 산다면 모를까? _ 227

• 아줌마는 결혼했다고 되는 것이 아니라 자기를 잃었을 때 된다 _ 230

• 무소의 뿔처럼 혼자 떠나라 _ 233

• 변화와 성장의 첫걸음은 '최면'에서 벗어나는 데서 시작된다 _ 236

• **변화를 만드는 습관 1** : 내 안의 부정적인 목소리 끄기 _ 240

• **변화를 만드는 습관 2** : 피해자 코스프레는 이제 그만 _ 245

• **변화를 만드는 습관 3** : 변명거리 안으로 숨지 않기 _ 248

• **변화를 만드는 습관 4** : 불평, 불만 잠재우기 _ 252

• **성장을 위한 자신과의 약속 1** : 내 안의 잠든 거인을 깨우다 _ 256

• **성장을 위한 자신과의 약속 2** : '남편 거울' 깨기 _ 259

• **성장을 위한 자신과의 약속 3** : 행복의 강박에서 벗어나기 _ 263

• **성장을 위한 자신과의 약속 4** : 잘했던 일만 기억하기 _ 267

• **성장을 위한 자신과의 약속 5** : 꿈의 목록 만들기 _ 271

• **성장을 위한 자신과의 약속 6** : 보상 습관 들이기 _ 275

• **성장을 위한 자신과의 약속 7** : 살, 즐길 자신 없다면 독하게 빼라 _ 280

• **성장을 위한 자신과의 약속 8** : 아낌없이 투자하기 _ 286

성장편 깨알 Tip _ 288

Epilogue
'아줌마'에 대한 편견을 깨는 것은 당신 손에 달려 있다 _ 294

남편, 있으면 괴롭고
없으면 허전하고

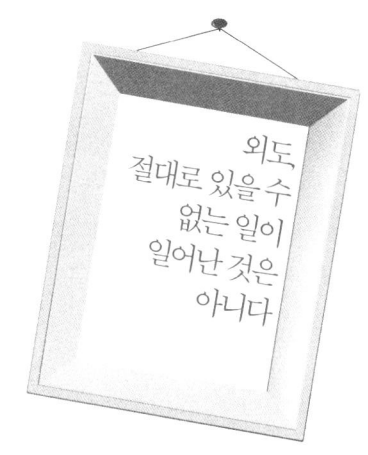

외도,
절대로 있을 수
없는 일이
일어난 것은
아니다

남편의 외도로 힘들어 하는 아줌마들이 가장 많이 하는 질문은
이렇다. "왜 내게 이런 일이 생겼나요?" 그것은 남자의 본성 때문
이다. 의학박사 출신의 소설가이자 에세이스트인 와타나베 준이치
Watanabe Junichi가 쓴 책《남편이라는 것》에 보면 남자는 일부일처제
와는 맞지 않는 본성을 지녔다고 말한다. 한편《화성에서 온 남자
금성에서 온 여자》로 유명한 존 그레이John Gray는 뇌에서 분비되

는 호르몬 때문에 남자들이 그럴 수밖에 없다고 말한다. 남자는 사랑하는 여자가 옆에 있어도 아름다운 여자가 앞에 앉으면 눈이 가고 가슴이 설렌다고 한다. 한 여자와 불꽃같은 사랑을 하고 그 사랑이 무르익으면 또 다른 사랑에 눈을 돌린다고 한다. 내게 왜 이런 일이 일어났냐고 묻는다면, 그건 남자와 결혼했기 때문이다. 남자와 결혼한 여자라면 당신만이 아니라 누구나 겪을 수 있는 문제라는 것을 명심해라.

다만 어떤 아줌마는 너무 둔해서 그것을 알아채지 못하거나 알았다 해도 크게 신경 쓰지 않고, 또 어떤 아줌마는 돈만 잘 벌어 오면 상관없다고 생각한다. 한편 어떤 아줌마는 자기 일이 너무 바빠 그것까지 신경 쓸 여력이 없어 지나치고, 다른 어떤 아줌마는 남에게 드러내기 부끄러워 감추고 사는 것뿐이다. 같은 일을 겪고도 모두 다른 반응을 보이기 때문에 나만 겪는다는 착각을 하게 되는 것이다.

이제 문제는 당신이다. 남자와 사는 사람은 누구나 크든 작든 외도 때문에 고통을 겪지만 당신처럼 반응하지 않는다. 자신을 질책하고 자학하면서 한껏 초라해지지 않는다. 슬픔과 우울함에 오랫동안 빠지지도 않는다.

자, 이제 생각해 보자. 남편의 외도 사실을 알기 전까지는 그럭저럭 행복했다. 어느 날 이 사실을 알고부터 여러 상황을 떠올리며 초라해지기 시작한다. 그리고 '그 여자는 어떻게 생겼을까? 예쁘게 생겼을까? 잤을까? 키스는?' 등의 온갖 상상에 사로잡힌다. 생각이 꼬리에 꼬리를 물고 여태껏 수상했던 남편의 행동을 떠올리게 하고, 또 다른 의심을 품게 한다. 먹이사슬처럼 생각이 이어진다. 이 즈음되면 아줌마는 패닉 상태에 빠진다. 어제까지의 행복은 온데간데없고 절망만 남는다. 자신을 괴롭히는 것은 남편의 구체적인 행동보다 상상 속에 엮인 사슬 때문인 경우가 더 많다.

뇌 연구 학자와 자기 계발서 저자들은 무언가를 상상하면 그 일이 반드시 이루어진다고 말한다. 그들은 뇌가 현실과 상상을 구분하지 못하기 때문에 어떤 이미지를 보내느냐에 따라 인생이 달라질 수 있다고 강조한다. 그러기 위해서는 구체적으로 상상하고, 실제 그런 것처럼 행동해야 한다. 그러면 뇌는 끊임없이 상상을 현실로 만들기 위해 애쓴다. 심지어 우리가 자고 있는 순간에도 뇌는 깨어 일하면서 전에는 보이지 않던 기회를 발견하게 하고, 마침내 그것을 이루게 한다. 어떤 상상을 하느냐에 따라 미래가 바뀐다는 말이다. 그러기에 자신의 꿈을 상상으로 펼쳐 원하는 미래를 만들어 가야 한다.

아줌마들은 그 좋은 상상을 남편의 외도에 쓴다. 행복한 가정을 상상하는 것이 아니라 남편의 외도에 늘 날이 선 채 전화를 받지 않는 남편을 의심한다. 늦은 밤, 술에 취해 돌아와 대자로 누워 있는 남편의 지갑을 뒤져 영수증을 찾아내고, 핸드폰 문자와 카톡을 확인하며 온갖 상상을 한다. 상상 탓에 남편이 잘해 줘도 의심스럽고, 못해 줘도 의심스럽다. 자기가 만든 상상 속에 빠져 '이러다가 언젠가 내 뒤통수를 치면 어쩌지?' 하는 마음을 갖고 산다.

인생의 큰 굴곡 없이 산 아줌마들을 보면 남편의 외도에 대해 생각조차 하지 않는다. 그래서 무슨 일이 있어도 모르고 사는 경우가 많다. 남들은 바보 같다 할지 모르지만 이들에겐 쓸데없는 상상 레이더를 켜고 자신을 괴롭힐 이유가 없다.

본격적으로 이 책을 시작하기에 앞서 아줌마들에게 이 말만큼은 꼭 해주고 싶다. "남편의 외도를 상상하면서 자신의 인생을 허비하지 마라." 생생하게 상상한 모든 일이 현실이 되어온다.

남편의 외도를 상상하지 마라. '감히 나에게 어떻게 그럴 수가, 내가 어떻게 했는데…' 하면서 되씹는 생각이 현재의 불행을 부추기며 더 큰 불행으로 보이게 만든다. 생각이 마음을 이끈다. 괴로운 것은 맞지만 지금의 일보다 더 절망스러운 건 생각 때문이다. 덧붙여진 생각만 걷어내도 한결 쉬워질 수 있다.

살다 보면 어느 순간 하나의 문이 닫히는 경우가 있다. 답답하고 아프겠지만 기다리면 분명 다른 문이 열린다. 모든 문이 닫혀 있는 경우는 없다. 만약 다 닫혔다면 그렇게 생각하기 때문이다.

누구나 한 번쯤 살아가다 보면 비를 맞는다. 당신 탓이 아니다. 철저하게 대비하지 못한 탓도 아니고, 나쁜 환경에 태어나 자라서도 아니다. 우산 없이 나선 길에서 비를 맞은 것뿐이다. 물론 어떤 사람에게는 폭우가 내릴 수도 있다. 그런다고 해도 모든 것을 쓸어 가지는 않는다. 혹 모든 것을 쓸어 간다 해도 나는 남는다. 내가 남았으니 다시 시작하면 된다.

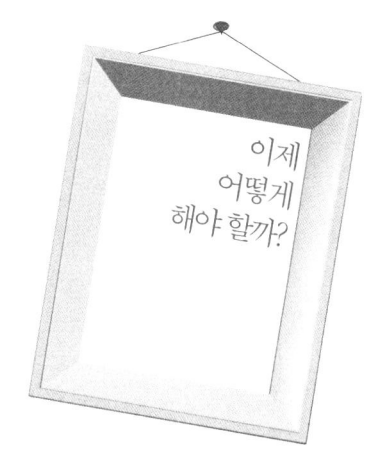

이제
어떻게
해야 할까?

"자기야~ 자기밖에 없어~~!" 평생 코맹맹이 소리 내며 행복하게 살 줄 알았는데 현실은 그렇지 않다. 결혼은 현실이지 로맨스가 아니다.

결혼 이후 남편은 회사 일로 바빠진다. 아내에 자식까지 생기면 먹여 살려야 한다는 책임감 때문에라도 더 열심히 일한다. 야근, 거래처 접대, 회사 회식 등으로 날마다 늦는다. 물론 100퍼센트 일 때문만은 아니다. 각종 모임에 친구들과의 술자리로도 늦는다. 그러다 보니 나쁘게 얘기하면 자꾸 밖으로 돈다.

허구한 날 남편은 늦은 밤이 되어야 집에 들어오고, 아내는 아이들을 재우다 같이 잠들거나 부스스 일어나 '왔어' 하며 남편을 맞는다. 피곤에 지친 아내는 더 이상 책도 신문도 뉴스도 눈에 들어오지 않는다. 가끔 뉴스를 보다 아내가 "여보, 저게 무슨 말이지?" 하면 남편은 무척 한심하다는 듯이 "저것도 몰라? 와! 며칠 동안 신문, 뉴스에서 계속 떠들고 있는데. 강적이다. 강적!" 하고 핀잔만 준다. 정작무슨 뜻인지는 알려주지도 않으면서 무시만 하는 것이다. 그리고는 "책 좀 읽어라" 한다. 아내는 밖에서 보는 여자들과 점점 달라진다.

어느새 남편은 밖에서는 웃고 활동적이지만, 집안에서는 말이 없고 틈만 나면 자는 사람으로 바뀐다. 반면 아내는 더 알뜰히 살려고 먹을 반찬, 저녁 국거리, 관리비, 아이 교육에 힘을 쏟는다. 그 사이 공통분모란 '부모'라는 것밖에 없게 된다. 그러다 보니 예전처럼 말도 통하지 않는다.

이쯤부터일 것이다. 남편은 주변 여자들에게 관심을 갖기 시작한다. 남편은 직장 혹은 거래처에서 만나는 여성에게 눈이 가고 연애 때와 같은 두근거림을 느끼며 로맨스를 꿈꾼다. 함께 일하면서 같이 점심 먹고, 회식도 하다 보니 설레는 상대 한 명쯤은 생기기 마련이다. 일을 핑계로 나가 아내 몰래 영화관을 가기도 하고, 근사한 레스토랑에서 식사도 하면서 정신적 교류를 갖고 그중 간 큰 놈은 육체적 교류도 갖는다.

〈사례1〉

A씨는 휴일이면 잠만 자던 남편이 갑자기 음악을 듣고, 영화도 다운받아 보며 책을 보기 시작하는 것을 보면서 이상한 느낌이 들었다. 어느 날은 남편이 책을 읽으면서 밑줄도 긋고 정성껏 메모도 하고 있기에 아내는 "그 책 그렇게 재밌어? 다 읽으면 나 좀 줘"라고 했더니 화들짝 놀라면서 "당신이 왜? 당신은 이해 못해!" 하고는 책을 들고 나가 버렸다. 아내는 왜 저러나 싶기도 하고, 이해 못한다는 말에 자존심도 상했지만 곧 잊어버렸다. 그런데 뿌리지 않던 향수를 뿌리고, 눈썹이 진하다며 손수 정리하는 남편을 보며 점점 의심이 가기 시작했다. 이럴 때 아줌마에게는 무당 뺨치는 강렬한 필이 온다.

그 이후 A씨는 수사반장 뺨치는 노력으로 비밀번호를 알아내 남편의 메일과 블로그, 미니 홈피 등을 뒤지기 시작했다. 마침내 남편이 했던 모든 행동의 이유를 알게 되었다. 회사 여직원을 좋아하고 있었고, 가증스럽게도 그 여자의 마음에 들기 위해 갖은 노력을 하고 있었던 것이다. 남편이 듣고 보며 읽던 것들은 그 여자가 좋아하는 것들이었다. 그것도 연애 감정이라고 들뜬 남편은 그녀와의 문화 수준을 맞추기 위해 전방위 노력 중이었다. 그 여자의 블로그에서 남편이 공들여 읽고 메모하던 책을 발견했다. '놓치지 말아야 할 곳엔 밑줄까지 ㅋㅋ 핑거님 감사^^' 라는 글과 함께 사진이 올라와 있었다. 핑거님이 남편의 애칭(?)이었다. 핑거? 손가락? 그 놈의 손가락을 분질러 버리고 싶은 욕망을 꾹 참고 서점으로 달려가 책 내용을 훑어보았다. 간략하게 요약하자면 "여성들이여, 꿈을 가지고 성공으로 달려가라"는 내용이었다.

아내는 피가 거꾸로 솟구치는 기분이 들었다. "여자는 집에서 밥 잘하고 아이들 잘 키우면 최고지!"라고 말하던 남편이었다. 언젠가 "일 좀 다시 해보고 싶어!" 하니 정색을 했다. 자신에게는 꿈도 꾸지 말라더니 그 여자에게는 꿈을 꾸라 난리다. 아내는 집으로 가는 길에 너무 분하고 억울해 바닥에 주저앉고 말았다. 엄마 잃은 아이처럼 "엄마, 나 어떡해, 분해서 어떻게 살아!" 하고 땅을 치며 꺼이꺼이 울었다.

〈사례2〉

B씨의 이야기다. 남편은 계속 울리는 전화를 받지 않다 문자를 확인하고는 이내 놀라 급히 뛰어나갔다. 아내는 이상한 생각이 들어 몰래 따라 나갔다. 남편이 자꾸 피하니 여자가 집 앞까지 찾아온 것이었다. 남편은 급한 데로 지하 주차장으로 여자를 끌고 갔다. 아내는 주차장 기둥 뒤에 숨어 남편의 외도 사실을 목격하고 말았다. 이미 1년 반이나 사귀었고, 출장 때 같이 가 관계도 가진 사이였다. 남편은 너무 멀리 온 것 같아 그런 건지, 아니면 갈 데까지 가

서 흥미를 잃은 건지 알 수 없으나 정리 중이었고, 그 여자는 그럴 생각이 없었다.

아내는 터질 것 같은 가슴을 부여잡고 어떻게 해야 하나 고민했다. 지금이라도 당장 뛰어나가 '어쩌면 그렇게 감쪽같이 날 속여? 다 들었어! 당신 미쳤어? 너, 여기가 어디라고 와?'라고 해야 하나 고민만 하다 그냥 들어왔다. 몸이 부들부들 떨려 서 있을 힘조차 없었기 때문이다.

앞의 사례 말고도 아줌마는 어떤 방식으로든 남편의 외도를 알게 된다. 어떤 남편은 마더 컴플렉스가 있었는지 자기보다 나이 많은 여자와 바람이 나기도 하고, 또 어떤 남편은 딸 같은 어린 여자와 바람이 나기도 한다. 한편 어떤 남편은 전생에 술과 무슨 인연이 있었기에 술집 마담과 바람이 나기도 하고, 다른 어떤 남편은 혼자 짝사랑 중이다. 이제 어떻게 해야 할까? 차분히 앉아 생각할 여유가 있으면 좋으련만 머릿속은 온통 뒤죽박죽이다.

아줌마는 심증이든 물증이든 손에 들고 무작정 달려들어 "이거 뭐야?" 했다가는 이상한 여자가 되기 십상이다. 그렇다고 고상한 척하며 "여보, 바람났더라!" 할 수도 없다. 행동은 해야겠는데 어떡해야 좋을지 알 수가 없다. 남편들은 외도의 증거를 내밀어도 펄쩍 뛴다. 처음부터 "그래, 어떻게 알았어?" 하는 사람이 있으면 오히려 더 이상할 뿐 각오하고 저지른 일이니 같이 살기는 쉽지 않다. 대부분의 남자들은 회사 동료 혹은 거래처 직원이라고 하면서 업무 때문에 어쩔 수 없이 자주 만났을 뿐이라고 발뺌을 한다. 그러다 안 되면 사생활 침해라며 화까지 내면서 상황을 모면하려 한다.

쿨한 척하고 넘어갈 것인가? 상처 받았다 욕하면서 화내고 싸울 것인가? 나를 버리지 말라고 매달릴 것인가? 자신의 유형부터 파악해 보자.

외도에
대처하는
자세

아줌마들은 남편의 외도를 알고 어떤 태도를 취할까? 오랜 관찰
과 블로그의 상담 내용을 바탕으로 비수형, 체험형, 이벤트형, 행동
형으로 정리해 보았다. 당신은 어떤 유형에 속하는가? 먼저 참고
모른 척하는 비수형과 체험형을 살펴보자.

비수형은 모른 척하며 남편의 외도 사실을 가슴에 묻어 둔다. '나
이 들어 힘 빠지면 보자'는 식이다. 비수를 감춘 채 말이다. 이런 유

형의 아줌마들은 크고 작은 남편의 외도를 반복적으로 지켜봐야 할 것이다. 남편이 수저 들 힘이 없어질 때까지!

체념형은 울고불고 싸우면서 증거까지 내밀어도 남편이 끝끝내 아니라고 말해 주길 바란다. 또 아니라고 하면 믿기로 한다. 완강히 외도 사실을 부인하는 남편이 고맙기까지 하다. 이런 유형의 아줌마들은 적당히 넘어갔을 뿐이지 심증과 물증은 갖고 있다. 그래서 늘 과거의 쓰레기통을 뒤지며 산다. 쓰레기통을 뒤지다 보니 자신감과 자존감이 떨어진다.

비수형이나 체험형 아줌마들의 이야기를 듣다 보면 깜짝깜짝 놀랄 때가 있다. 과거 남편의 외도 사실을 생생하게 간증(?)한다. 남편이 했던 거짓말과 상황, 심지어 그날의 날씨까지 바로 몇 시간 전에 일어났던 일처럼 세세하게 기억하면서 흥분한다.

남편의 외도를 적당히 넘어가는 아줌마들 역시 과거를 늘 현재처럼 기억한다. 외도 사실로 남편과 크게 몇 번 싸우고는 없던 일처럼 그냥 살면서 말이다. 이 경우 기억 속에 있는 억울함이 과거의 쓰레기를 뒤지게 한다. 쉬운 용서를 했기 때문이다. 쉬운 용서만큼 사람을 망치게 하는 것도 없다. 용서를 받는 사람도, 해주는 사람도 똑같이 망치기 때문이다. 쉬운 용서를 받은 사람은 재범률이 높고, 해준 사람은 분이 풀리지 않아 상상 속에서 고통 받는다.

비수형이나 체념형의 아줌마들은 이렇게 말한다. "지금 저는 경제력이 없잖아요. 우선 자격증이라도 따서 경제적 능력을 확보한

다음에요!" 당신이 비수형이나 체념형이라면 처음부터 믿고 살기
바란다. '믿는 도끼에 발등 찍힌다' 해도 믿고 또 믿고 사는 게 좋다.
'자격증을 딴 다음에', '경제적 자립을 준비한 다음에'와 같은 말은
그냥 같이 살겠다는 뜻이다. 치사하고 분하지만 어쩔 수 없다는 심
사다. 남편 스스로 정리해 빨리 돌아오길 바란다는 말에 불과하다.
이런 경우는 처음부터 편하게 마음먹고, 도 닦는 심정으로 있는 게
오히려 정신 건강에 좋다.

　이번에는 이벤트형과 행동형을 살펴보자. 두 경우 모두 마음을
숨기지 못하고 밖으로 드러내 표현한다는 공통점이 있지만 '이혼'
이라는 문제에 있어서는 큰 차이점을 보인다.

　이벤트형은 처음부터 이혼할 생각이 없다. 외도한 남편이 용서
를 구할 때까지 다양한 방법으로 자극적 행동을 하며, 심지어는 이
혼 카드까지 사용한다. 결코 용서할 마음이 없다는 듯이 공세를 퍼
붓는다. 대부분 이렇게 하고 나면 착한(?) 남편들은 백기를 든다. 하
지만 조심해야 할 것은 처음부터 이혼할 생각이 아니었는데 남편
이 '그래, 이혼해!' 하고 너무 강하게 나오면 겁을 먹고 오히려 백기
를 든다는 점이다. 잘못하면 전세가 역전된다. 그렇게 되면 앞으로
는 어떤 이벤트도 절대 효과가 없다. 오히려 체념형이나 비수형으
로 살아야 할지 모른다. 그러니 이벤트형으로 대처하려면 남편의
성향을 잘 알고 단단히 준비하여 계획해야 한다.

　행동형은 남편의 외도 상대를 생각하기 이전에 배신한 남편에 대

한 용서가 용납되지 않는다. 사건을 적극적으로 파악하고 외도 상대를 찾아 나선다. 이혼을 결심하고 법정까지 간다. '모 아니면 도'인 성향은 위험천만하다. 하지만 이 경우 남편이 아내와 가정에 대해 다시 생각해 볼 기회를 갖게 한다. 섣부른 불장난이 가정을 깨뜨릴 수 있다는 사실을 뼈저리게 경험한다. 만약 자신의 잘못을 인정하든 안 하든 "그래 이혼해! 내가 못할 줄 알고?" 이렇게 덤비는 남자라면 깨끗이 헤어져라. 외도로 가정을 위태롭게 한 것도 모자라 뻔뻔한 행동으로 더욱 큰 상처를 주는 남자라면 살아 뭐하겠는가!

나 같은 경우는 외도 사실을 확인한 후 집을 부동산에 내놓았다. 그리고 재산분할과 양육권 확보를 위해 공증 서류도 받았다. 법정에 다녀온 후 상대 여자에게 전화를 걸어 집 앞으로 오라고 했다. 오지 않으면 회사로 간다고 했기에 바로 왔고 삼자대면이 이루어졌다. 만나기 전 남편에게 이렇게 엄포를 놓았다. "지금부터 내가 어떤 미친 행동을 할 텐데, '그만하라'고 하거나 '이제 되지 않았느냐' 등 한 마디라도 하면 어떻게 변할지 모르니 가만히 똑바로 보고 있어!" 그 여자는 거리에서 주먹으로 맞았다(물론 그 여자의 부모님이 고소하겠다고 전화가 오는 복잡한 상황이 있었지만 후회는 없다).

나처럼 하라는 것은 아니다. 그 정도는 아니어도 이벤트형까지가 볼 수 있지 않은가! 외도 사실을 알고도 그냥 지나간 아줌마들은 결국 후회한다. 이들은 자기를 속인 남편을 시원하게 한 대 휘갈겨 주지 못하고, 그 상대를 만나 끝내 욕 한 번 해주지 못한 채로 자기만 아파한다. 너무 소극적으로 대처한 결과다. 절대 용서하지 말고 '내가 이렇게까지 해야겠어!'라는 생각이 들더라도 갈 때까지 가 봐라. 물에 빠져도 바닥끝까지 내려가야 치고 올라올 힘이 생긴다.《화성에서 온 남자 금성에서 온 여자》를 쓴 존 그레이도 나와 같은 말을 했다. "여자는 깊은 우물을 갖고 있고, 바닥까지 내려가야 치고 올라올 힘이 생긴다." 만약 당신이 바닥까지 내려가지 않고 중간쯤에서 '더 내려가긴 무서우니까 이쯤에서 마무리하자. 그만하면 내가 힘들어 하는 모습 충분히 보여 줬어' 하고 올라온다면 두고두고 후회할 수 있다. 시련과 함께 오는 선물은 바닥을 치고 올라온 사람만이 가질 수 있는 특별 보너스기 때문이다.

당신은 비수형, 체념형, 이벤트형, 행동형 중 어디에 속하는가! 아직 아무 행동도 하지 않았다면 자신의 성격과 상황에 맞는 유형을 선택하라. 살다 보면 누구나 실수를 하기 마련이다. 마음 가는 일이니 지금 당장 어쩔 수 없을지도 모른다. 그러나 실수를 바로 잡고 싶다면 강하게 나가라. 다른 여자에게 이미 마음이 빼앗겼는데 갑자기 예쁜 옷을 입고 안 하던 행동을 한다고 상황이 좋아지는 건 아니다. 오히려 더 부담스럽고 싫어질 확률이 높다. 남자는 약한 자에겐 동정심이 없다.

후회하지 않으려면 '갈까 말까' 할 때 가야 한다. 그래야 뒤돌아봤을 때 후회가 없다. 집집마다 상황이 다르지만 분명한 것은 과거의 쓰레기통을 뒤지며 사는 인생이 되기 싫으면 즉시 행동하라.

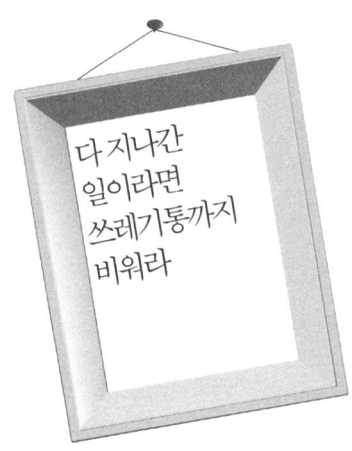

다 지나간
일이라면
쓰레기통까지
비워라

남편의 외도로 고통 받고 있지만 이미 지난 과거라면 묻지도 따지지도 말길 부탁한다.

"이미 끝난 일이니 궁금한 걸 물어봐도 되지 않느냐?" 하는 아줌마들이 있다. 질문이라는 것이 빤하지 않은가! "어떻게 그 여자를 좋아하게 됐어?" "어떤 모습에 끌렸어?" "사랑했던 거야?" "스킨십은 어디까지 간 거야?" "그렇게 거짓말하면서 내게 미안하지 않았어?" "애들 생각은 안 났어?" "내가 몰랐으면 어디까지 가려고 했어?" "끝났으니깐 묻는 거야. 정말 화 안 낼게. 그냥 궁금해서 그래!"

이렇듯 그 일을 잊고 싶다면서 묻고 또 묻는다. 더군다나 잊기 위해서는 사실을 알아야겠다는 변명까지 늘어놓는다. 하지만 그렇게 한다고 잊을 수 없다. 남편이 어떤 답변을 해도 화가 안 날 수 없고, 궁금증 역시 해소될 수 없다. 상상의 나래만 더욱 커질 뿐이다. 알고 나면 마음이 편해질 것 같지만 더 불편해진다. 남편 역시 잊으려 애썼을 거고, 다신 기억하고 싶지 않은 실수일 텐데 자꾸 떠올리게 할 이유가 없다. 그러니 잊기로 했다면 깨끗이 잊어라. 궁금증이 생길 때면 다른 생각으로 돌려 그 수렁에서 벗어나야 한다. 다른 생각을 떠올리다 보면 잊게 된다. 알아서 좋은 것이 있다면 알아야 하겠지만 절대 그럴 일은 없다. 묻지도 따지지도 말고 잊어라.

"용서는 자신을 위해 하는 것이다"란 말이 맞다. 용서는 타인을 위해 하는 것 같지만 사실은 나를 위해 해야 하는 것이다. 상대를 용서하고 나면 마음이 편안해진다. 그러나 용서하지 않고 화를 마음에 담아 두면 자신도 모르는 사이 삶 속에서 그 화가 자꾸 튀어나와 스스로를 더 괴롭힌다. 남편이 외도 후 충분히 용서를 빌어 용서하기로 했다면 다음 할 일은 잊는 것이다. 내가 좋아하는 강산에의 〈넌 할 수 있어〉란 곡 가사의 한 소절처럼 말이다. "후회하고 있다면 깨끗이 잊어버려. 가위로 오려낸 것처럼 다 지난 일이야."

대다수의 아내들이 용서한다 말해 놓고도 남편이 잘못된 행동을 하거나 자신을 힘들게 하면 '외도'라는 카드를 들이민다. "당신이 그때 그랬잖아. 당신은 어쩔 수 없는 사람이야." 그러면 남편은 "왜 이미 끝난 일을 또 꺼내느냐?"며 지친 기색을 보인다. 그러면 아내는 이런 반응을 보이는 남편의 태도가 괘씸해 해묵은 상처를 더욱 더 들이민다.

정말 용서한 것인가? '용서'라는 그럴 듯한 포장지로 잠시 감춰 둔 것은 아닌가? 용서한다 말해 놓고도 그 과오를 계속 담고 있다면 그건 남편보다 아내 자신에게 오히려 독이 된다. 아주 쉬운 예로, 무더운 여름 음식물 쓰레기통에서 며칠 전에 버린 찌꺼기를 찾는다고 상상해 보자. 뚜껑을 열자마자 파리가 날아오를 것이고 악취는 진동할 것이다. 찌꺼기의 형태는 이미 시간과 함께 변형되고 뭉그러져 찾을 수도 없을 것이다. 그러니 어찌 독이 아니겠는가!

용서 후 내미는 외도 카드는 이와 같다. 지나갔다면 쓰레기통을 뒤지지 마라. 어떤 아줌마는 종종 '과거'라는 쓰레기통을 뒤지며 자신은 피해를 입었다는 망상 아닌 망상에 빠진다. 남편이 술 마시고 늦게 들어오거나 시댁과 갈등이 생기기라도 하면 이내 '용서하고 받아 주며 살아 줬는데…' 하면서 쓰레기통을 뒤적인다.

당연히 좋은 관계를 유지할 수 없다. 유지할 수 있다 해도 겉모습만 그럴 뿐 진정 좋은 관계가 아니다. 이는 현재를 살지 않고 과거를 살기 때문이다. 이 대목은 정말 중요하다. 과거에 산다면 미래 또한 없다.

혹시 자신이 아직도 과거의 쓰레기통을 뒤적이면서 살고 있는 건 아닌지 점검해 보라. 이런 삶의 태도는 외도뿐만 아니라 시댁과의 갈등, 친구와의 관계, 내 주변의 일에도 적용된다.

"그게 바로 저예요. 용서한다 말해 놓고도 자꾸 생각이 나요." 이렇듯 잊어버리는 일이 마음 같이 쉽지 않지만 꾸준한 연습과 반복적인 노력을 통해 가능하다.

아주 단순한 예로, 어떤 물건을 사고 집에 돌아왔는데 며칠 후 그보다 더 싼 가격으로 똑같은 물건을 파는 것을 발견하면 속이 부글부글 거릴 것이다. 잊어야지 하면서도 마음으로는 이미 버린 영수증을 찾았으면 할 것이다. "여태껏 썼으니 그 값이다" 하면 되는데 그러지 못한다. 계속 붙잡고 현재의 기분을 망친다. 외도를 당장 잊을 수 없다면 이와 같이 생활 속 작은 것부터 잊기 위한 연습을 시작해라. 사소한 물건 사는 것에도 그러는데 믿고 살던 남편의 외도는 쉬 가시지 않는 충격이다. 그럼에도 연습해라. "잊을 수 없어요!"란 말은 답이 아니다. 누구도 당신의 머릿속에 있는 기억을 대신 지워 줄 수 없다. 지우개 기능을 발견해 내 제대로 작동하게 할 수 있는 사람은 오로지 당신 자신뿐이다. 내게 기쁨을 주는 남편의 행동이 지우개 기능이라고 착각하지 마라. 그건 잠시 지나가는 이벤트일 뿐이다. 노력하다 보면 잊을 수 있다. 그렇게 노력하다 보면 한결 기분이 나아지고, 결과적으로 나쁜 일은 쉽게 잊고 놓게 된다.

"남편의 외도를 용서하고 잊기로 했어요. 구체적인 방법을 좀 알려 주세요"라고 묻는 사람들에게 이렇게 말하고 싶다.

첫 번째, 상상하라. 상상은 이럴 때 쓰는 것이다. 앞에서 말했듯이 그 사건을 떠올릴 때마다 무더운 여름, 음식물이 가득 담긴 쓰레기통을 동시에 상상하라. 상상할 준비가 되었다면 뚜껑을 열자. 악취와 함께 파리 떼와 구더기가 득실거린다. 어떻게 할 것인가? 뒤적일 생각인가? 아마 바로 뚜껑을 닫을 것이다. 당신 안에 쓰레기통을 놓지 마라.

두 번째, 쓰고 태워라. 감정이 남아 이따금 괴롭다면 써 보라. 마음속에서 여전히 현재형으로 살아 자신을 괴롭히는 문제들을 써 내려가길 권한다. 그러면 객관적으로 볼 수 있게 된다. 가슴에 맺힌 것은 무엇이든지 꺼내라. 오랫동안 글을 쓰지 않아 일기 쓰기조차 마음대로 되지 않겠지만 쓰다 보면 자신이 몰랐던 또 다른 내가 나온다. 글재주와는 아무 상관없다. 그저 건강한 정신을 위해 배설하라는 말이다. 맑은 물이 차오르려면 오물 처리가 필수다. 그리고 남편의 이름과 욕도 한 다발 같이 적어서 불태워 버려라. "과거 남편의 행동이 현재 나와 남편의 관계를 더 이상 방해하지 않도록 과거를 태워 버렸다"고 주문을 걸자. 이 방법은 상당히 효과적이다.

세 번째, 나를 사랑하자. 용서는 남편보다 자신을 더 사랑하기에 하는 것이다. 소중한 당신이 쓰레기나 뒤지는 밑바닥 인생이어서 되겠는가? 자신을 사랑하는 사람은 절대 남 때문에 망가지지 않는다.

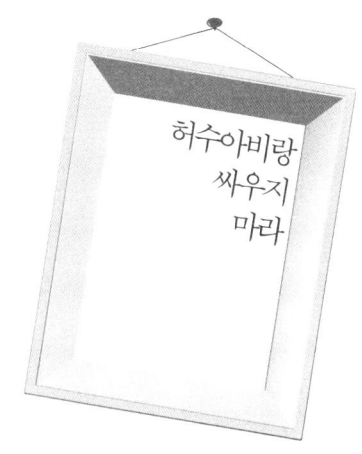

허수아비랑
싸우지
마라

"남편이 그 여자와 끝났다고 말했어요. 미안하다고, 다시는 그러지 않겠다고, 용서해 줘서 고맙다고. 하지만 여전히 의심스럽고 감정 기복은 고무줄처럼 늘었다 줄었다 해요."

이처럼 감정을 주체하지 못하고 또 다른 절망을 안고 사는 아줌마들이 많다. 많은 아내들이 남편의 외도 사실을 알고 충격에 빠진다. 그 충격은 쉽게 사라지지 않는데, 이들을 더 힘들게 하는 것은

'이혼'과 '용서'라는 선택의 기로에서 감정 소모가 크다는 것이다. 잠들기 전에는 이혼 결심을 하고, 아침에 일어나서는 그래도 어떻게든 살아볼 생각에 용서를 다짐한다. 그런데 이런 소모적인 고민을 반복할 즈음, 남편이 모든 것을 정리하겠다고 말하는 것이 아닌가? 그러자 모든 것이 정상으로 돌아온 것만 같고, 가정을 지켜 준 남편이 고맙기까지 하다. 전처럼 잘 살겠노라 다짐하는 크고 작은 몇 번의 이벤트도 있어 주었기에 그렇다.

여느 때처럼 남편은 출근하고 아이들은 각자 학교와 유치원으로 가고 나는 혼자 남는다. 예전 같으면 마트도 가고, 모임에 나가 차도 마시고 할 텐데 그럴 기분이 아니어서 집에 있는다. 될 수 있으면 좋은 생각을 하기 위해 잘 살 것이라는 암시를 마음속으로 되뇐다. 밀려드는 과거 안 좋은 생각을 밀어내기 위해 청소도 해본다. 그 일을 의식해 남편은 매일같이 일찍 퇴근한다. 그러다 남편이 회식으로 늦는다고 전화를 한다. 그때부터 아내는 가슴이 철렁하고 '뭔가 일어나지 않을까? 혹시 그 빌어먹을 여자를 다시 만나지는 않을까?' 하는 생각에 빠진다. 다른 일을 하면서도 온통 정신은 내 눈에 보이지 않는 남편에게로 향한다. 오전에 집에 혼자 있을 때만 해도 '그래, 잘 살 수 있어!' 하던 모든 기분은 싹 사라지고, 다시 외도를 알게 된 순간으로 돌아가 머릿속이 엉망진창이다. 남편이 내가 사 준 옷을 입고 나가 그 빌어먹을 여자를 만난 것도 떠오르고, 휴일에 회사 일이나 친구들 모임을 빙자해 나간 사건도 생각나고,

출장이라 해놓고 둘만의 여행을 떠난 것도 생각난다. 그것도 모르고 백화점에서 내 옷은 안사도 남편 옷을 사 주던 바보 같은 모습이 떠올라 기가 막힌다. 우리 식구 먹여 살리느라 바쁜 것이라는 생각에 아빠 없는 휴일도 마다하지 않고 아이들과 뒹군 생각도 나고, 남편의 출장 가방을 싸면서 더 필요한 건 없는지 알뜰살뜰 세심한 배려를 아끼지 않은 생각도 난다. 생각이 생각을 낳고, 또 낳고 이 고통은 끊임없이 이어진다. 이해 안가는 일들이 수없이 많았지만 '그동안 나는 왜 몰랐지?' 하는 자책에 혼자 우울해 한다. 거짓말을 밥 먹듯 하면서도 얼굴색 하나 변하지 않던 남편에 대한 분노까지 겹쳐 감정은 극에 달한다. '도대체 이 사람을 어떻게 믿고 살 수 있을까? 입만 열었다 하면 거짓말이 술술 나왔던 사람을' 하면서 심각해진다. 그러다 남편이 예상보다 일찍 들어오면 그 모든 상상을 쓰레기통에 한꺼번에 던진다. 그리고는 내가 언제 그렇게 우울했냐는 듯이 밝아진다.

또 다른 예를 들어보자. 아내는 남편이 예전보다 더 잘하려고 노력하는 모습을 본다. 말도 많이 하려 하고, 새로 찾은 맛 집이라며 함께 가서 먹은 외식 횟수도 더 늘었다. 거기다 영화도 자주 보러 간다. 아내는 '제자리로 다 돌아왔구나' 하는 안도감에 행복하지만 이상하게도 불안감에 사로잡힌다. 그러면서 상상한다. '이런 자상한 면을 그 빌어먹을 여자에게도 보였겠지? 어떻게 다녔을까? 어딜 가 봤을까?' 아내는 끊임없이 상상의 나래를 펴다 갑자기 기분이 가라앉는다. 남편이 하는 행동에 하나하나 의미를 달고 그 전 상황과 엮다 보니 자신이 초라해진다.

현재의 행복이 어쩌면 과거와 같은 결과를 가져오는 건 아닐까 두렵다. 매순간을 즐기기보다는 의심으로 채워 간다. 남편, 아이들과 즐겁게 웃다가도 돌아서서는 '또다시 속고 있는 건 아닐까?' 하고 의심한다. '빌어먹을 그 여자를 여전히 만나고 있는 건 아닐까?' 하는 불안에 사로잡힌다. 남편의 일거수일투족을 주시하고, 지갑과 수첩은 물론 핸드폰까지 정기적으로 뒤진다. 퇴근 후나 주말, 남편 핸드폰이 울리기라도 하면 신경이 곤두서 이야기를 엿듣는다.

사람이니 어쩔 수 없는 일이다. 상처를 받았고, 상처를 준 사람이 함께 있으니 당연히 방어적이 될 수밖에 없다. 하지만 대부분의 불안과 걱정은 이미 시간이 지나 내가 어떻게 되돌릴 수 없는 과거 혹은 아직 존재하지 않는 미래에 대한 두려움일 뿐이다. 과거에 사로잡혀 현재와 미래를 뒤섞다 보면 자신이 누군지도 모를 만큼 힘겨워지고, 뒤죽박죽 이상한 나라에 살게 된다.

다시 말하지만 걱정, 불안, 긴장 대부분은 내가 상상 속에서 확대해 놓은 허수아비에 불과하다. 허수아비하고 매일 전쟁을 하는 것이다. 남편이 던진 말 한마디에 과민 반응을 보이며 스스로 만든 허수아비와 싸운다. 싸우다 보면 허수아비는 점점 커져 주체할 수 없게 된다.

해답은 이렇다. 반드시 현재를 살아야 한다. 작은 일에 민감해 하지 말고, 현실을 있는 그대로 느끼고 받아들여라. 현재 행복하다면 행복 그대로를 의심하지 말고, 잠시 힘든 일이 있다면 그것만으로 힘들어 하면 된다. 그러다 보면 과거에 대한 분노도 미래에 대한 불안감도 자리를 잡지 못하고 사라진다. 그러기 위해서는 마음속 허수아비를 치워라.

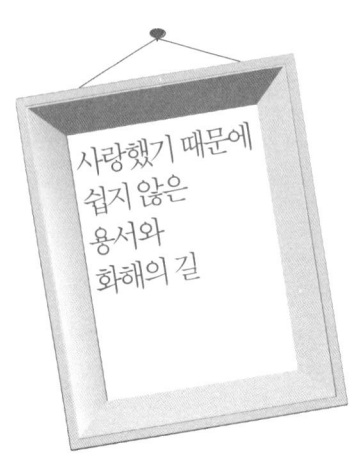

사랑했기 때문에
쉽지 않은
용서와
화해의 길

호르몬의 분비로 두 사람이 열정적으로 사랑할 수 있는 최대 유효 기간은 만 3년이라고 한다. 물론 때에 따라서는 어떤 일을 계기로 사랑의 불씨가 다시 타오르기도 한다. 보통은 열정적인 사랑이 아닌 우정과 같은 끈끈한 정, 바로 '의리'로 산다. 열정적일 때보다 안정적이고 편하지만 열정이 사라진 자리가 그립다. 특히 바깥 생활을 하는 남자들의 경우는 더 그렇다. 그러다 보니 여자보다는 남자가 외도할 가능성이 훨씬 많다.

아내는 남편의 외도를 알면 자다가도 벌떡 일어나는 현상을 겪게 된다. 손이 부들부들 떨리고, 입이 바짝바짝 마르며, 화가 치밀어 앉지도 서지도 눕지도 못한다. 남편들은 모르겠지만 외도는 그만큼 충격이 크다. 하루 종일 멍하게 있다가 문득 '이래서는 안 되지' 하고 일어섰다가 주저앉기를 반복한다. 사람마다 고통의 정도와 깊이가 다르고 그것을 헤쳐 나가는 방법도 다르지만 의존의 뿌리가 깊은 아줌마일수록 자기 안에서 고통을 되새김질하느라 용서도 화해도 결코 하지 않는다.

다음은 의존의 뿌리가 깊은 아줌마의 특징이다.

1. 평소 자신의 삶에 대한 행복을 남편이 전적으로 책임져 주길 바란다. 그렇기 때문에 사소한 것도 기억해 주고 인정해 주길 바라며, 보살펴 주기를 바란다. 만약 남편이 기대감을 채워 주면 해가 뜨지만 채워 주지 않으면 천둥이 친다. 이상하게도 의존의 뿌리가 깊으면 공주가 되어야 하지만 실제로는 궂은 일마다하지 않는 마당쇠가 된다. 나를 먹여 살리고 보호해 주는 남편에게 모든 것을 줘야 한다고 생각한다. 아줌마는 결혼과 동시에 받는 것보다는 주는 것에 익숙해진다. 그래서 안타깝게도 연인이 아니라 남편의 엄마 역할을 자청하게 된다. 자신이 받고자 하는 만큼 주는 것이다. 자식 키워 봐서 알지 않는가! 사랑은 메아리처럼 되돌아오지 않고 일방통행만 한다.

2. 남편은 나의 행복을 전적으로 책임져야 할 사람이니 도덕적이고 분별력 있길 바란다. 세상 남자들이 다 개차반일지라도 자기 남편만은 그러지 않을 거라 믿는다. 아줌마들끼리 모여 이야기를 하다 보면 자기 남편은 술집은 가지만 절대 여자가 있는 술집에는 가지 않는다고 말한다. 사회생활하면서 원해서든 아니든 한 번쯤은 간다고 아무리 말해도 절대 그럴 리가 없다며 오히려 다른 아줌마들을 불쌍한 눈으로 본다.

3. 남편이 자신을 위해 끊임없이 진화해 주길 기대한다. 못마땅하게 여기는 것들은 그때그때 고쳐 주길 바라고 그것만 고치면 더 행복할 거라 믿는다.

남편의 외도 때문에 아직도 천국과 지옥을 몇 번씩 오르내리고 있다면 생각해 보길 바란다. 의존의 뿌리가 얼마나 깊은지!

'행복'이란 각자가 가진 좋은 에너지가 모여 커진다는 사실을 알고 있는가! 행복은 주식이나 펀드가 아니다. 믿고 맡긴다고 원금에 이자까지 알아서 받을 수 있는 상품이 아니다. 남편은 펀드 매니저가 아니다. 각자가 자신의 행복을 위한 펀드 매니저가 되어야 한다. 남편만 믿고 내 행복을 책임지겠거니 하고 계속 미련을 떨면 언제 깡통 계좌가 될지 모른다.

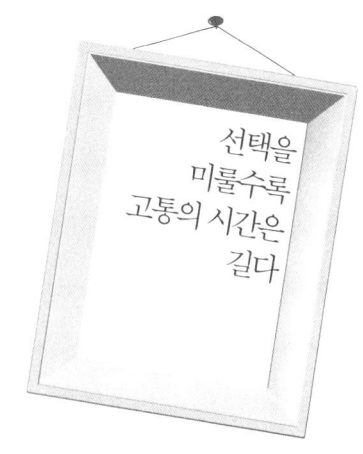

선택을
미룰수록
고통의 시간은
길다

"남편의 외도를 알고 나서 잠을 못자요."

외도 사실에 충격을 입은 아줌마 대부분이 이렇다. 쓸데없이 인터넷을 뒤지며 혼자 아픈 상처들만 골라 후벼 파고 있다. 밤에 잠을 못자니 낮 동안 신경이 예민해진다. 분노에 차 있거나 멍하니 있는 시간이 늘어난다. 반대로 낮에 잠만 자는 경우도 있다. 종일 자고도 무기력에 시달린다. 그러다 보니 약이라도 복용해야 하는 게 아닌가 하는 생각을 한다.

다음은 임상 심리학자인 로라 슐레징어Laura Schlessinger 박사가《여자가 인생을 망치는 열 가지 방법》에서 언급한 말이다.

"상처로 고통당하는 여성들은 그 분노를 터뜨리지 못해 이상한 방법을 동원한다. 가만히 앉아 과다하게 무얼 먹거나 마시고, 약을 복용해 잠을 청한다. 그런가 하면 있는 힘을 다해 일을 해서 본인에게 닥친 현실을 피하려 한다. 우리는 괴로운 현실을 직시할 때 두려움과 고통을 가장 많이 느끼게 된다. 때로는 선택하지 않는 것이 변화하는 것보다 더 쉬울 때가 있다. 그래서 사람들은 이상한 방법을 사용해서 고통을 피하려 한다. 그 결과, 과다하게 음식을 먹거나 약을 먹고, 우울증과 신체적인 병에 시달린다. 현실과 전혀 상관없는 방법을 앞세워 자신의 내면에서 겪고 있는 현실에 도전하기를 피하려 하는 것이다."

많은 아줌마들이 두려움 때문에 현실을 직시하지 않는다. 현실을 보지 않고 피하려고만 하니 선택할 수도 없다. 그저 시간이 흘러 모든 것이 빨리 정리되기만을 바랄 뿐이다. 현실은 피한 채 아무 일이 없던 그때로만 돌아가고 싶어 한다. 한편 고통을 피하고 싶어 술을 마시거나 우울증을 호소하며 병원을 찾는가 하면, 계획하지 않은 임신을 하기도 한다. 하지만 선택을 미룰수록 고통의 시간은 길다.

자신의 선택이나 노력 없이 시간 혹은 기타의 어떤 것이 해결해 줄 것이라는 망상에는 분명 한계가 있다. 용기는 두려움이 없는 상태가 아니다. 용기는 두려움에도 불구하고 행동하는 것이다.

"저는 별로 특별하지도 그렇다고 중요하지도 않은 사람이에요. 저 같은 사람이 어떻게 새로운 모험이나 도전을 할 수 있겠어요"라고 말하는 사람이 있다. 이렇게 낮은 자존감에 휩싸인 많은 아줌마들이 남편의 외도에 대해 눈을 감는다. 자기는 경제적인 능력이 없다면서 그냥 살기로 한다. "이 나이에 무엇을 할 수 있겠어요…"라는 것이다. 이 말은 "낮은 자존감 때문에 밥이나 하면서 살겠다" 하는 것과 같다. 내가 만난 한 아줌마는 참 예쁘고 뭐든 잘할 수 있을 것 같아 보였는데도 '아니다'만 되풀이하며 자기를 낮게 평가하고 있었다. 이런 아줌마들에게 권하고 싶은 필수 문장이 있다. "이 세상에 특별하지 않은 사람은 없다. 나 역시 특별하다"는 말을 억지로라도 암기하라!

"무의미한 고통을 얼마나 더 겪어야 하는가? 정말 놀라운 일이다. 여자들은 무의미한 고통(학대, 경멸, 무관심 혹은 애정 결핍)은 너무나도 잘 참아내면서, 대신 의미 있는 고통(내적인 깨달음, 독립성, 혹은 꿈을 위한 도전적인 생활)에 대해서는 너무나도 잘 피하고 있다. 다시 한 번 강조한다. 진정하고 충만한 사랑은 자기 자신에 대한 사랑이 선행되지 않으면 불가능하다."

《여자가 인생을 망치는 열 가지 방법》에서 언급한 무의미한 고통과 의미 있는 고통의 차이를 이제 알겠는가? 무의미한 고통은 타인에게서 온다. 타인이 내게 어떻게 해주느냐에 따라 고통이 덜 할 수도, 더 할 수도 있다. 선택의 여지없이 선택받아야 한다. 반면 의미 있는 고통은 '자기'로부터 시작된다. 스스로 어떻게 해 나가느냐에 따라 모든 것이 달라진다. 그래서 더욱 성장한다. 지금 아줌마 당신이 아프고 상처 받았다면, 무의미한 고통을 의미 있는 고통으로 바꿀 시간이다.

아내의
후폭풍은
반드시
오기 마련이다

　중국의 유명한 베스트셀러 작가인 샤오웨이 가 쓴《여성이여, 성
공을 디자인하라》란 책에 보면 미국 펜실베이니아 대학의 마틴 셀
리그만Martin Seligman 교수의 말이 인용되어 있다. 긍정 심리학의 창
시자인 셀리그만 교수는 사람들의 소극적인 마음에 대한 연구를
통해 세 가지 잘못된 인식이 사람들을 무기력하게 하고, 결국에는
인생을 망치게 한다고 주장한다. 그가 밝힌 세 가지 잘못된 인식

을 아내들이 남편의 외도 후 겪는 내면의 갈등과 접목시켜 이야기
해 보면 다음과 같다.

첫째, 지금의 고통이 영원할 것이라는 오해다. 사람들은 순간 혹
은 단기간 겪는 어려움이 영원히 지속될 것이라고 생각한다. 하지
만 이들은 어려운 상황이 끝나지 않을 것이라는 소극적인 생각 속
에 자신을 가두어 버려 다시는 일어나지 못한다.

아줌마들은 남편의 외도로 지금 겪는 고통이 영원히 지속될 것이
라고 생각한다. 지금의 상처가 너무 커서 도저히 잊을 수 없을 것이
라 생각한다. 시간이 지나면 나아질지 모르겠지만 남편이 남긴 상
처와 배신감, 치욕스러움은 무덤까지도 기억될 것이라 말한다. 하
지만 기억은 지워지기 마련이다. 단기적인 어려움일 뿐 영원하지
않다. 처음 고통의 수치가 '10'이었다면 점점 '8', '6', '5', '3', '1', '0'
의 시간이 온다. 어떤 고통도 영원한 것은 없다. 끝이 있기 마련이
다. 그럼에도 "나는 다르다. 나는 예민한 사람이다"라고 온갖 구실
을 붙여 가며 잊지 않기 위해 애쓴다.

기억을 떠올려 보라. 이제껏 살면서 처음 겪는 고통인가? 분명 아
니다. 어린 시절과 학창 시절에는 성적과 친구들의 따돌림, 가정의
불화, 선생님과의 갈등으로 헤아릴 수 없는 고통을 경험했지만 잘
이겨 냈다. 그러나 지금 와서 나를 괴롭히던 친구와 선생님의 이름
조차 잘 기억이 나지 않는다. 하나의 잔상으로 남아 "그때 힘들었
지!" 할 뿐이다. 지금의 고통도 마찬가지다. 기억은 하나가 들어가

면 다른 하나는 지우는 멋진 녀석이다. 지금의 고통은 언젠가 다른 기억에 밀리게 되어 있다. 더 이상 사라져야 할 기억을 붙잡고, 과거의 쓰레기통을 뒤지며 아프다고 엄살떨지 말자.

둘째, 지금의 고통이 어디에든 있을 것이라는 오해다. 한 분야에서 실패를 맛본 사람들은 다른 분야에서도 또 그 실패를 경험할 것이라고 믿어 버린다. 어디를 가든 어려움이 찾아와 자기를 괴롭힐 것이라고 생각하는 것이다. 이 잘못된 인식 때문에 사람들은 실패의 터널 한가운데 주저앉아 버리고, 터널의 끝에 밝은 빛이 있다는 것을 알지 못한다.

'이혼한다 해도 남자란 동물은 다 똑같으니까. 누구를 만나든 똑같은 일이 반복될 테니 정말 어처구니없지만 그냥 포기하고 살자. 남편과 더는 살 수 없을 것 같지만 한 번 실패했는데, 다른 사람과 잘 살 수 있을까? 예전처럼 젊지도 않고 돈이 많은 것도 아닌데… 지금도 이런데 이혼하고 혹시 재혼을 한다고 잘할 수 있을까? 아니야!'

밝은 빛이 있다는 것을 알지 못한 채 이렇게 생각하고 주저앉는다. 뿐만 아니라 결혼 실패가 다른 일에도 영향을 주어 뭐든 나쁜 결과가 나올 것이라는 잘못된 오해를 한다. 이토록 자신감을 상실한 이들은 다른 일은 시도조차 하지 못하고, '내가 그렇지 뭐' 하며 체념한다.

셋째, 지금의 고통이 다 자신의 탓이라는 오해다. 실패한 사람들은 항상 원인을 자신의 능력 부족으로 돌리며 자책하고 좌절한다. 여기에서 자신의 탓이라는 것은 자기 책임을 과감하게 인정한다는 의미가 아니다. 자신이 무능력하다고 생각해 투지를 잃는 것을 의미한다.

이들의 특징은 겉으로는 남편에게 책임을 묻고 있지만, 무의식 깊은 곳에서는 자신을 자책하고 좌절한다. 남편의 외도를 막지 못한 자신을 무능력하다고 여긴다. 그리고는 갑자기 불어난 살, 깊게 파인 주름, 감각 없는 패션, 아무리 봐도 섹시하지 않은 외모에서 그 원인을 찾는다. 일을 하는 능력 있는 여자였다면 이런 대접은 받지 않을 거라 생각한다.

만약 당신이 지금 이 상황이라면 다시 일어나기 바란다. 영원한 것은 없으며, 한 번 실패했다고 같은 실패를 경험하지 않을 것이다. 무엇보다 당신 때문에 일어난 일이 아니다. 그저 자신이 만든 오해의 벽에 싸여 있기 때문에 괴로운 것 일 뿐이다.

생각의 틀을 바꿔 다르게 생각하면, 이 모든 잘못된 인식을 떨칠 절호의 찬스를 신이 주실 것이다. "이제 그만 미련을 버리고 자기 삶을 살라"는 신호를 주신 것이다. 마음속에 늘 비가 내리는 사람은 밖에 비가 오지 않아도 비를 맞는 법이다. 인생은 마음먹기에 달려 있다.

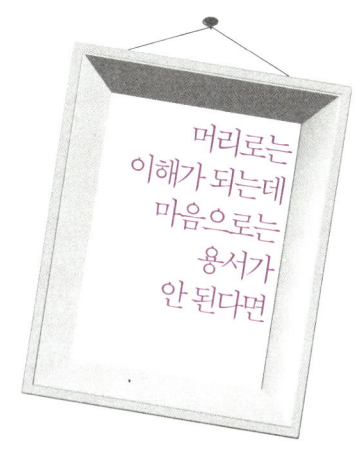

머리로는
이해가 되는데
마음으로는
용서가
안 된다면

아줌마들이 남편의 외도를 알고 해결하는 과정에서 '머리로는 용서가 되는데 마음으로는 용서가 안 된다'는 하소연을 블로그를 통해 수없이 전한다. 너무 답답해 우울증에 걸릴 지경이라고 한다. 남편과 어떻게 살아야 할지 모르겠다고 호소하면서, 예전처럼 얼굴을 맞대고 다시 웃을 수 있을지 고민이라 한다.

한 아줌마는 이런 고민을 전해 왔다. "어제 남편과 영화를 보러

갔는데, 너무 낯설었어요. 오랜만에 아이들을 떼어 놓고 둘만 시간을 가져서 그런지 몰라도 영화를 보면서 집중이 되지 않았어요. '그 여자와도 이렇게 영화를 보러 왔을까?' 하는 생각만 들고, 머릿속이 복잡했어요." 또 다른 아줌마는 이랬다. "남편은 웃고 있는데 같이 웃을 수가 없네요. 기분 풀려고 호프집에 갔는데 결국 또 싸우게 됐어요. 이래서 같은 곳을 보며 잘 살 수 있을까요? 자신이 없네요."

다들 그렇다. 비단 이들만 그런 것이 아니다. 남편의 외도 후 많은 아줌마들이 겪는 일이다. 남편과 다시 잘 살아보기로 했는데도 힘들다면 생각을 바꿔 보자. 즉 생각의 틀을 바꿔 보는 것이다. 그리고 새로운 남자와 사랑에 빠지자. "그럼 맞바람이라도 피우라는 말인가요?"

"Oh, No!" 배신한 남편을 연애 기간 동안 양다리 걸친 헌 남자 친구라 생각하고 뻥~ 차 버리자. 그리고 정신 차리고 돌아온 남편을 새 남자 친구라 상상하고 새로운 연애를 시작하자. 꼭 하나 기억해야 할 것은 연애를 해봐서 알겠지만 전에 사귀던 사람에 대해 묻지도 따지지도 않는 기본 매너를 갖추는 일이다. 연애할 때 제일 구질구질한 사람이 옛날 애기를 자꾸 묻는 경우다. 어떤 사람 사귀었는지, 어딜 갔었는지는 중요하지 않다. 그냥 지금 나와 함께하고 있는 사람을 좋아하려고 노력하고, 장점을 보기 위해 애쓰면 된다.

상황은 달라진 것이 없더라도 생각의 틀을 바꾸면 한결 남편과 살기가 쉬워진다. 그렇게 새로운 사랑이 찾아왔다고 생각하고 처

음부터 다시 시작하자. 새로운 사랑은 그 전과 달라야 한다. 무조건
적 사랑으로 뒤통수 맞았으니 이번에는 정신 차리자. 그러기 위해
서는 그 전과 똑같이 살아서는 안 된다.

한 가지 해결점을 더 찾아보자.

아줌마들의 전형적인 특징으로 이들은 결혼과 동시에 꼭 사랑하
며 살아야 할 것 같은 불안감에 싸인다고 한다. 남편에게 사랑받지
못하면 결혼생활이란 게 아무 의미 없다고 여겨 힘들어 한다는 것!
이런 생각은 남편이 다른 여자에게 한눈판 순간에도, 용서하고 잘
살기로 한 지금 이 순간에도 어김없이 작용해 스스로를 괴롭힌다.
30세에 결혼했다 치자. 그리고 80세까지 하늘이 건강을 허락해 줘
서 50년간 부부로 산다 치자. 50년을 한결같이 사랑하며 살 수 있
다고 생각하는가? 만약 '그래야 결혼이고, 부부가 아닌가?'라고 생
각한다면 드라마를 너무 많이 본 탓에 환상 속에 살거나 신의 경지
에 오를 준비가 되어 있는 사람이다.

머리와 마음이 동시에 같은 답을 주는 경우는 거의 없다. 둘 중
하나는 느리기 마련이다. 특히 마음은 머리보다 늦게 반응하고 또
한 늦게 치유된다. '머리로 이해됐으니 이제 마음아~ 너만!' 하고
아무리 재촉해도 마음은 쉽게 바뀌지 않는다. 오히려 재촉할수록
쓰레기통만 뒤지기 쉽다.

50년간 매 순간 사랑하고 사랑받을 생각이라면 지금 버려라. 매
순간 사랑하려고 하는 아내일수록 혼자 키운 기대감으로 남편을

더 미워하게 된다. 부부란 늘 사랑하기 위해 노력해야겠지만 머리와 마음이 함께 따라 주지 않을 때는 잠깐 쉬어 가야 한다. 그게 오히려 서로의 사랑을 이어갈 수 있는 해법이다.

무대를 떠올려 보라. 어차피 인생은 끝없는 역할 놀이다. 누가 그 역할을 잘 소화했는지가 행복의 비결이다. 지금 '아내'라는 역할이 너무 힘들다면 마음속으로 다른 역할을 만들자. 예를 들면, 가정이라는 직장에 취직했다고 상상하자. 이제부터는 직원이다. 남편이 월급을 통째로 주고 있다면 회사 사장님이라 생각하고, 맞벌이 부부라면 동료 직원이라고 상상하자. 사장님이라 생각하기 싫으면 동료 직원이라 해도 상관없다. 회사 규율 중 하나가 '사내 연애 금지'라는 건 누구나 알 것이다. 업무 능률이 떨어지기 때문이다. 그러니 사내 연애를 하려 하지 말고 자기 일에 충실하자. 그렇게 살다 보면 사내 연애를 하고 싶은 감정이 들 때가 있다.

그럼 아내의 역할로 다시 돌아오면 된다. 자존감은 떨어진 채 우울증에 시달리며 비참함을 느끼고 있는데도 '아내'라는 역할에 묶여 있다면 잠시 멈춰 쉬어 가자. 마음이 생기고 자연스러워질 때까지 너무 노력하지 말자는 말이다. 마음이 따라올 시간은 주지 않은 채 억지로 노력한다면 자칫 더 큰 상처가 되기 쉽다. 조바심 내지 말기 바란다! 당신이 부부로 몇 년을 살아왔건 살아갈 날들이 산 날보다 많다.

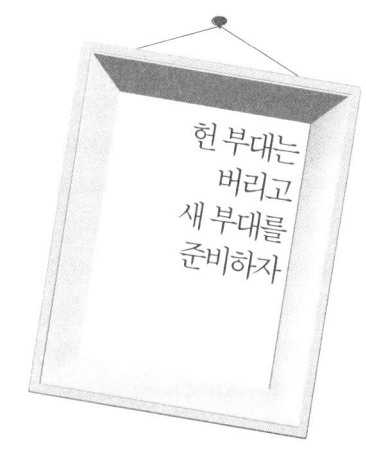

헌 부대는
버리고
새 부대를
준비하자

남편의 외도로 모든 것을 잃었다고 이야기하는 아줌마들을 자주 만난다. 이혼한 사람이나 안 한 사람이나 모두 모든 것을 잃은 상실감에 망연자실해 한다. 하지만 세상이 끝난 게 아니다. 잠시 비를 맞은 것뿐이다. 다시 시작하면 된다. 헌 부대는 버리고 새 부대를 채우면 된다. 헌 부대는 열심히 꿰매도 같은 자리가 또 새기 마련이다. 이혼을 하라는 말이 아니다. 경우에 따라서는 그럴 수밖에 없겠지만 대다수의 아줌마들은 이혼보다는 현재 상황을 고쳐 보고 싶어 한다.

'헌 부대'란 남편이 아니라 바로 나다. 상처를 입고 만신창이가 되었다면 이제 과거의 당신을 비우면 된다. '당신 때문에'로 시작했던 모든 것을 '나'로 바꾸어 생각하라. '당신이 이렇게 해야만 나도 이렇게 하겠어'를 '나는 이렇게 하겠어'로 바꿔라.

나는 두 부류의 아줌마를 알고 있다. 남편의 외도를 알게 된 후 자신의 삶을 완전히 바꾼 아줌마와 상황에 질질 끌려가면서 하루하루를 뒷목 잡고 살아가는 아줌마다. 똑같이 진통을 겪고, 상처와 배신감에 밥숟갈 뜨기도 힘든 시간을 보냈지만, 전자에 속한 아줌마는 그 상실감에서 빨리 나와 객관적인 눈으로 상황을 마주함으로써 인생이 달라졌다. 말하지 않아도 이 두 부류의 아줌마 중 누가 행복한지는 알 것이다.

다음은 새 부대를 채우기 위한 준비 방법이다.

1. 경제적인 비용을 감수하라!

경제 활동을 하지 않는 아줌마들 중 자신에게 용돈을 주는 사람은 거의 드물다. 남편과 아이들에게는 용돈 혹은 기타 비용을 따로 떼어 놓지만 자신을 위한 비용은 떼어 놓지 않는다. 새 부대가 되려면, 어느 정도의 투자가 필요하다. 이런저런 이유로 나에게 용돈을 주지 않았다면 매달 5만원이든 10만원이든 따로 떼어 놓고 자신을 위해 투자해야 한다. 그 돈으로 문화 센터를 다니든 옷을 사든, 근사한 커피숍에서 차를 마시든 그건 자유다. 하지만 매일같이 입는 추리닝이나 낡은 청바지, 똑같은 점퍼는 벗어 버리고 새 옷을 사 입으라고 권하고 싶다.

대한민국 아줌마들은 어떻게든 자기 집만큼은 사야 하기에, 산 집의 대출금을 갚기 위해 자신의 값진 욕구를 포기한다. 그리고 그냥 아줌마로 늙는다. 그 결과는 어떨까? 대출금을 다 갚으면 집 하나만 남는 할머니가 된다. 집을 소유하는 것도 중요하다. 하지만 모든 것은 때가 있다. 기운 있을 때 이곳저곳 놀러 다녀야 하고, 먹고 싶을 때 먹어야 하며, 폼 날 때 사 입어야 한다. 나중에 돈 많은 할머니가 되어서 사 입는 것이 무슨 의미가 있을까?

나를 위해 투자하지 않으면 늘 그렇게 살아야 한다. 남편이 다른 여자에게 눈을 돌린 사실에 분통 터뜨리면서 '내 인생은 뭔가?' 하는 패배 의식에 인생을 낭비하지 않길 바란다. 남편의 지갑과 핸드폰, 수첩을 뒤지며 작은 메모, 이름 없는 전화번호에 열을 올리고 싶은가?

남편과 행복하게 살고 싶다면 과감하게 나를 바꿔라! 내실을 키우는 것도 중요하지만 내실만큼 외실을 바꾸는 것도 더 큰 변화의 포인트다.

2. '나'에서 시작하라!

정말이지 아줌마들은 우선순위를 세울 때 자신을 거의 제일 마지막에 놓는다. 자녀 혹은 남편이 가장 먼저고, 그 다음은 시댁과 친정, 그리고 친구, 하다못해 기르는 강아지까지. 슬프게도 이 목록에 '나' 자신은 포함되어 있지 않다.

내가 하고 싶은 것이 다른 사람에 의해 정해진다. 집을 예쁘게 가꿀 때도 나의 만족이 가장 큰 것 같지만 내심 밖으로 향해 있다. 옷을 입을 때나 머리 모양을 바꿀 때 내가 편한 것보다 남을 의식할 때가 많다. 동네에서 머리카락 길이가 엉덩이를 덮는 아줌마를 보곤한다. 너무 길다 보니 틀어 올리거나 땋거나 그대로 내리는 경우가 많다. 머리 모양이 참 답답해 보인다. 주변에서 머리 모양을 좀 세련되게 바꾸어 보라고 말해 보지만, 남편이 긴 머리를 좋아한다면서 그러고 있다. 안타깝게도 부부 관계는 그리 좋아 보이지 않는다.

새 부대를 무엇으로 채울 것인가? 다시 남편과 아이, 시댁으로 채울 것인가? 무엇보다 먼저는 나를 바라보길 바란다. 과거 내가 채웠던 부대에는 '나'란 존재가 얼마나 담겨 있었는가? 그 부대를 누가 덜어내고 빼내었을까? 마음의 부대에 넣고, 덜고, 빼낼 사람은 오로지 나뿐이라는 것을 명심하라! 그러면 새 부대를 다르게 채울 수 있다.

인생은 단 한 번뿐이다. 아이들 키우는 것도 벅찬데, 시댁과 갈등하는 것도 모자라 심지어 남편 외도 때문에 식음을 전폐하는 상황이 생긴다면 그렇게 길지도 않다. 하루에도 몇 번씩 '내가 왜 이러고 살지?' 하고 있다면 변화를 준비하자. 지금 많이 힘들다면 '변화의 신호탄'이라 생각하자. 헌 부대를 버리고 새 부대를 준비하자.

당신을
두렵게 하는
실체를
찾아 나서라

전쟁을 소재로 한 영화나 드라마를 보면 항상 선두에 서는 용감한 장군이 이렇게 말한다. "살고자 하면 죽을 것이요, 죽기를 각오하고 싸우는 자는 살 것이다"라는 멋진 말을 남기고 전장으로 뛰어든다. 그 모습을 보고 있으면 늘 같은 패턴의 대사와 행동이지만 감동받는다. 지금 남편이 외도 중이라면 '어서 말을 타 죽기를 각오하고 적진으로 들어가라!'

하지만 현실은 적진에 들어가지도 죽기를 각오하지도 않는다. 아줌마들은 남편의 외도를 알면서도 이혼을 하자고 하면 어쩌나 하는 마음에, 아이들이 상처를 받으면 어쩌나 하는 마음에, 다른 사람들이 알게 될까 걱정되어, 자신을 더 싫어할까 두려워 적당한 입장만 취하고는 피해자를 자처하며 기다린다.

C아줌마가 그런 경우다. 남편이 다시는 만나지 않기로 했고, 이미 끝난 사이라고 말했기에 믿고 살기로 했지만 여전히 진행 중이다. 헤어지려 하는데도 잘 안 되는지 가끔 문자를 주고받는 것 같다. 아줌마는 밤마다 남편의 핸드폰을 보며 문자며 최근 전화 목록 등을 살핀다. 또 어떤 때는 의심이 가는 문자나 번호를 적어 두었다가 다음 날 전화를 해본다. 밤이면 잠을 못자서 얼굴이 푸석거린다. 그러다가도 문득 자신이 한심해서 우울해 미칠 지경이다. 남편이 '깨끗이 헤어질게'라고 말은 했지만, 그동안의 말과 행동, 상황, 배신감이 뒤엉켜 밥숟가락을 놓고 시름시름한다. 배신감에 사로잡혀 혼자 우울해 하는 날이 허다하다. 남편의 배신을 곱씹으며 상대를 저주한다. 상상은 나래를 펴다 못해 공장까지 차린다.

C아줌마처럼 여전히 두려움에 떨고 있다면 두려움의 실체를 찾아 나서라. 그 안으로 걸어 들어가면 실제는 상상보다 훨씬 작고 보잘 것없는 경우가 많다. "당신 스토커야?", "당신 의부증이야?"와 같은 억울한 말을 들을 바에는 차라리 확인해 보는 것이 낫다.

아이가 자기 것을 빼앗기고 울고 있으면 당신은 아이에게 "너 바보야? 네 것 뺏기고 왜 울고 있어. 당장 찾아와!"라고 말할 것이다. 아이에게만 그러지 말고 당신의 인생이 걸린 문제니 당신에게도 그렇게 외쳐 보라. 찾고 싶으면 당장 가서 찾아와라.

무언가를 되찾고 싶다면 뭔가를 잃을 준비도 해야 한다. 두 손에 다 움켜 쥐고 내놓지 않으려고 해서는 아무것도 찾을 수 없다. 계산하지 말고 행동해야 한다. 계산이 앞서면 절대 마음 가는대로 행동하지 못한다. 인생에서 거저 오는 것은 없다.

1. 끝났다고 하지만 아닌 걸 알고 있다. 다시 문제를 만들고 싶지 않지만 억울한 나머지 구차한 얘기를 하게 될 것이 두렵다면 끙끙 대지만 말고 술을 마셔 보라. 평소 술을 못 먹는 사람일수록 말이다. 술은 속마음을 털어놓을 수 있게 용기를 준다. 평소에 하지 않는 말도 술술 나온다. 그러나 꼭 기억해야 할 것이 있다. 남자에게 사랑스러운 여자의 눈물은 마음을 흔드는 묘약이지만, 별 관심이 없는 여자의 눈물은 그냥 흐르는 액체다. 당신이 판단하기에 여전히 사랑스러운 여자라면 울어도 되지만 아니라면 '뚝!' 하고 두 눈 부릅뜨고 속을 털어놓자. 화나면 화내고 성질이 나면 성질부리자. 뭐 좀 깬다고 큰일나지 않는다.

2. 상대를 만나 주먹으로 펀치를 날려 줄 것을 권하고 싶다. 대다수의 외도 상대가 회사 혹은 회사와 관련된 곳에 근무하기 때문에 만나기를 두려워한다. 혹시 남편이 피해를 입을까 조심스러운 것이다. 앞에서 말했듯이 계산이 앞서면 행동하지 못

한다. 잃을 게 많으면 움직이지 못한다. 연애도 상도덕쯤은 지키면서 해야 한다. 호락호락한 유부남 옆에 만만찮은 유부녀가 지키고 있음을 알려줘야 한다.

현재 진행형인데도 "다음에 한 번 더 이러면 절대 용서하지 않을 거야" 하고 넘어갈 생각이라면 그냥 믿고 살아라. 그렇지 않다면 상상 속에 괴로워하면서 시간 죽이지 말고 두려움의 실체인 상대도 만나 보고 남편도 마주해 보라. 오히려 그 용기로 얼마나 시시한 사건이었는지 알게 된다. 쥐새끼 한 마리 보인다고 초가삼간 다 태우지 말고 마주하라!

"우리의 발전을 가로막는 장애물이 두려움이라는 사실을 깨닫고 나면 어떤 난관이든 꿋꿋이 이겨 낼 수 있을 것이다. 위협을 이겨 내는 유일한 방법은 그 위협을 돌파할 수 있는 능력이 우리에게 있다는 깨달음일 것이다. 그러면 누구나 두려움을 떨쳐낼 수 있다."

– 맥스웰 몰츠Maxwell Maltz의《성공의 법칙》중에서

막장 드라마
찍자는 남편
대처하기

돈이 많은 집 남편 가운데 가정은 가정대로 지키면서 애인은 애인대로 두고 더티 플레이Duty Play를 하고 싶어 하는 경우를 종종 본다. 실제로 이런 남편들은 외도를 하다 딱 걸렸을 때 "여보 난 당신도 사랑하지만, 그 여자도 사랑해. 날 좀 이해해 줘. 당신도, 그 여자도 버릴 수가 없어!" 하고 아주 신파를 쓴다. 그런 남편의 마음속 깊은 곳에는 다음과 같은 생각이 자리 잡고 있다.

첫째, 다른 여자 때문에 가정과 처자식을 버렸다는 파렴치한은 되고 싶지 않다.

둘째, 자기는 새로운 가정을 원하는 것이 아니라 영원한 로맨스를 꿈꾼다. 결혼을 해봐서 알지만, 하고 나면 김빠진 콜라처럼 밋밋해진다는 것을 알기에 그렇다.

셋째, 이혼은 흉이 되지만 가정을 지키며 여자 하나 더 거느리는(?) 건 능력자다.

넷째, 당장은 힘들겠지만 아내만 양보(?)한다면 불가능한 일도 아닐 거란 생각이 든다.

다섯째, 아내는 자신이 가져다주는 물질적 풍요와 안정을 포기하지 않을 거라 판단한다. 아주 중요한 점이다. 무슨 짓을 해도 절대 이혼할 생각이 없다는 것을 알기에 할 수 있는 '딜!' 인 셈이다. 당장에 "당신 죽고 싶지? 미친 거 아니야?" 하며 이혼 도장을 찍으러 갈 사람으로 알고 있다면 "둘 다 사랑하네…"와 같은 신파를 늘어 놓지 못한다.

큰 아이가 초등학교 2학년 때, 반 대표 엄마를 알고 있었다. 그 엄마는 학교 일에 열성적이었다. 그런데 학기 초가 지난 얼마 후부터 말도 없이 모임은 물론 청소도 나오지 않았다. 모든 연락을 끊고 사라졌다. 두어 달 정도 지났을까? 모임에 다시 나온 그 엄마의 얼굴은 많이 상해 있었다. 저녁 모임이라 가볍게 술 한 잔 하는데 자기 친구 이야기라며 말을 꺼냈다. 친구 남편이 외도를 했고, 그 친구가

66

Chapter 1
남편, 있으면 괴롭고
없으면 허전하고

외도 사실을 알게 되자 다시는 만나지 않겠다는 약속을 했단다. 그런데 시간이 지나고 남편은 어느새 또 다시 만나고 있었다. 그래서 다시 울고불고 난리가 났는데 그 남편이 한 말이 더 대단하다. "헤어지려고 해봤는데 안 되겠어. 그 여자도 사랑하고 당신도 사랑해. 양쪽 다 너무 사랑해서 놓아 줄 수가 없어!"

그 반대표 엄마는 모임에 나온 다른 엄마들에게 그 상황이라면 어떡하겠느냐고 물었다. 거기 있던 다른 엄마들이 한 마디씩 했다. "그건 말도 안 되죠. 남편이 자기 편하자고 하는 말이죠!" 그리고 다른 이야기로 넘어갔는데 그 엄마는 혼자 술을 계속 마시더니 같은 이야기를 하고 또 했다. 거기에 있던 학급 엄마들은 친구 이야기가 아니라는 것을 짐작할 수 있었다. 그 엄마가 술에 취해 마지막으로 한 이야기는 "둘째를 가지면 남편이 돌아오지 않을까요?"였다. 나중에 안 일이지만 그 엄마는 둘째 아이를 낳았다.

불행히도 어떤 아줌마는 이런 말 같지도 않은 소리를 하는 남편 때문에 고통을 받는다. 또 이 아줌마처럼 남편을 잡기 위해 계획하지 않은 임신과 출산을 한다든지 우울증과 대인기피증과 같은 질병으로 오랜 시간 고통당한다. 안타깝게도 자신을 되돌아보지 않고 가장 현실적이고 근시안적인 방법을 선택한다.

하지만 근시안적인 방법은 해결책이 아니다. 특히 출산을 통해 관계를 강화하려는 방법은 아이에게나 아내 본인, 남편 모두에게 옳은 선택이 아니다. 잘 살아야겠지만 그러다 이혼하게 되면 아이는 어떻게 할 것인가! 아기는 기쁨과 축복 속에서 태어나야 한다.

　남편이 위와 같은 막장 드라마를 찍자고 덤비면 이 남자가 나를 가마니로 보는 건지 보자기로 보는 건지 생각해 보길 바란다. 그리고 반성하기 바란다. 남편이 가마니나 보자기로 볼 동안 자신은 뭘 했는지!

아이들에게도
말해야
하나요?

남편의 외도를 겪는 아줌마들에게서 이런 질문을 자주 받는다. "아이들에게 말해야 하나요? 아이들은 어떻게 해야 하나요?" 그럼 나는 "당장 말해 주라"고 이야기한다. 그러나 그렇게 말해 줘도 대다수는 아이들에게 그 사실을 숨긴다. 이유는 간단하다. 아이가 어려서 이해하지 못할 거고, 아빠의 위상도 그런데 알려서 좋을 거 없으니 상처만 받을 거라면 차라리 말하지 않는 편이 낫다고 한다. 또 이혼할 생각이 없는데 굳이 아이들에게 알릴 필요가 있느냐는 것이다. 그리고는 혼자서 끙끙 앓는다. 아이들이 "엄마 왜 그래?" 하고 물어도 "좀 아파서 누워 있어" 하고 대답하다가도 감정을 어찌하지 못하면 아이들에게 화풀이를 한다. 이유를 모르는 아이들은 이상해진 엄마만 바라본다.

나는 아이들에게는 무엇이든 이야기해 주는 편이다. 그런 모습을 보고 아줌마들이 "아이가 그런다고 알아들어요?"라고 할 때도 있지만, 업고 다닐 때부터 엄마가 품고 있는 꿈, 앞으로 하고 싶은 일, 지금 무엇 때문에 고민하고 있는지 등을 그때그때 상황에 맞춰 들려줬었다.

남편의 외도를 알고 이혼을 결심한 그때도 큰 아이에게 이 사실을 알려주었다. 당시 나는 며칠 밤을 새우며 아무리 생각해 봐도 외도한 남편과 같이 살 수 없을 것 같았다. 그러기에는 앞으로 살아갈 날이 너무 많이 남았다는 결론을 내렸다.

어느 날 새벽이었다. 아직 해가 뜨지 않아 어두웠는데, 자고 있는 큰 아이를 조용히 깨워 할 말이 있으니 나가자고 했다. 큰 아이는 그 일에 대해 알고 있기에 심상치 않은 기운을 느꼈는지 벌떡 일어나 따라 나섰다.

그때 큰 아이와 나란히 걸으며 엄마의 결심을 알려주었다. "오늘 법정에 갈 거란다. 마음의 준비를 하렴. 절대 변하는 것은 없을거야! 엄마는 늘 지금처럼 너희 둘 곁에 있을 테고, 아빠는 이따금 보러 가면 돼!" 아이는 듣기만 하더니 하염없이 울었다. 엄마가 슬퍼할까 봐 큰 소리도 내지 못하고 소리 죽여 정말 하염없이 울었다. 간간이 새어 나오는 울음소리가 가슴을 미어지게 했다. 울음이 잦아들자 목이 멘 아이가 "엄마 걱정 마세요. 저 잘 할게요. 동생도 잘 돌볼게요" 했다. 영화의 한 장면처럼 아침 햇살이 서서히 떠올랐다.

다 잘못 산 것만 같던 내 인생을 되짚어 보니 아이들이 있었다. '자식은 잘 키웠구나! 허송세월을 살지는 않았어!' 하는 안도감이 들었다. 나를 버리고 산 세월에 대해 분노했는데 돌아보니 아이들을 키웠다. 그 시기, 내가 살아온 삶을 가장 잘 위로해 준 건 바로 아이들이었다. 당시 초등학교 저학년이었으니 다 이해하지는 못했겠지만 말이다.

나와는 반대의 경우도 있다. 한 아줌마는 하도 답답해 사춘기에 접어든 아이들에게 말했더니 "아빠만 잘못한 게 아니야. 엄마도 잘못이야"라고 했단다. 순간 '그 아빠에 그 자식이구나. 이것들을 키우느라 그동안 이러고 산거야? 집 내력이 어디 가겠어?' 하는 배신감이 머리를 때렸다고 한다. 위로받자고 꺼낸 이야기였는데 엄마나 아빠나 다 똑같다며 편들어 주지 않는 아이들이 야속했다고 한다. 그런데 이 아줌마가 잊은 것이 있다. 사춘기 아이들 역시 엄마만큼 상처를 받았다는 사실이다. 아이들 입장에서는 말도 안 되는 상황에 자신을 빠뜨린 부모 모두에게 화가 난다. 중간 과정은 쏙 빼고 결론만 이야기하면서 자기편만 들어 달라 하니 미울 수밖에 없다. 처음부터 솔직하게 이야기해 주었다면 아이들은 다른 반응을 보였을지 모른다. 편들어 달라고 이야기하지 말고 사실을 말해주자. 아이 역시 초반부터 분위기로 뭔가 잘못되고 있다는 것을 안다. 말하지 않을 뿐이다. 정확하게 말해 주지 않으면 아이 역시 상상 속에서 고통 받는다.

좀 다른 경우지만 외도와 관련된 아이 문제니 꼭 짚고 넘어가고 싶은 것이 있다. D아줌마의 남편은 외도 후 집을 나가 살림을 차렸다. D아줌마는 자신이 아이를 키우겠다고 마음먹었지만 날이 갈수록 분하고 화가 났다. 주변에서도 불난 집에 부채질하듯 이렇게 말했다. "둘만 알콩달콩 살게 할 거에요? 자식 키워 봐야 나중에 아빠 찾아갈 텐데 뭐 하러 끼고 있어요?" D아줌마는 아이를 남편과 그 여자에게 보낼까 고민 중이라 했다. 말도 안 되는 소리다. 단순히 복수심 때문에 아이를 보내면 후회하게 된다. 아이가 원해서 가겠다면 모를까 복수하려는 심정으로 내 아이를 보내는 것은 어리석다. 의외로 이런 고민을 하는 아줌마들이 더러 있기에 꼭 말해 주고 싶었다. 아이를 두 번 버림받게 하지 마라. 한 번은 아빠에게, 또 한 번은 엄마라 불리는 복수심 가득한 아줌마에게 말이다. 당신은 한 번 버림받고도 그렇게 아파하면서 아이는 두 번 버림받고 그 집에 가서 잘 살 거라니, 터무니없는 소리다.

다시 주제로 돌아가서, 나는 무엇이든 아이들에게 이야기해 줘야 한다고 생각한다. "너도 크면 알아! 크면 알려줄게!" 하는 말이 어린 시절 가장 듣기 싫었기 때문이다. 조숙해서 그랬는지 모르지만 "어리니까, 몰라도 돼!"라고 속닥거리는 어른들이 싫었다. 당신도 그러지 않았던가?

아이들은 보호하자고 들면 한없이 보호해야 하지만, 어른(?) 대접을 해주면 어려운 일이 있을 때 친구가 되어 주고, 자기 역할도 더 충실하려고 노력한다. "너는 몰라도 돼. 공부나 열심히 해" 하지 않는다면 아이는 아픔 속에서도 같이 성장한다.

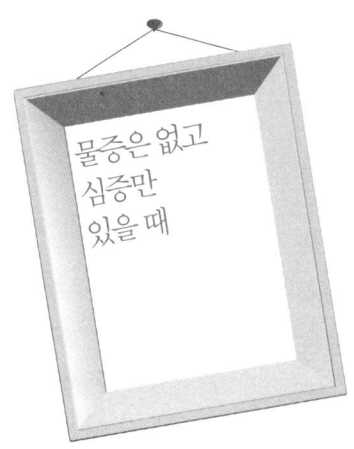

물증은 없고
심증만
있을 때

남편이 늦게까지 술 마시느라 오지 않으면 아줌마는 안절부절 못하고 전화기를 든다. 남편이 들어오기 전까지 하게 되는 온갖 나쁜 상상 때문이다. 물론 아줌마들은 전화를 안 받으면 무슨 사고라도 났을까 걱정스러워한다고 하지만 마음속에는 다른 여자와 있는 건 아닐까 하는 상상 때문에 건다. 그래서 늦어지면 시간단위로 전화해 빨리 올 것을 재촉한다.

신혼 때는 남편이 꼬박꼬박 전화도 받고 일찍 들어가겠다는 거짓말이라도 한다. 하지만 부부 연차가 꽤 쌓이면 전화를 받지 않는 경우가 종종 있다. 귀찮기도 하고 번번이 늦어 미안하기도 하고, 옆사람 보기 민망하기도 해서 전화기를 꺼놓는다. 그럼 그때부터 아줌마들은 5, 10분 간격으로 받지 않는 전화에 목을 맨다.

그러는 사이 아줌마는 상상 속에서 불륜 드라마를 찍기 시작한다. 그리고 '맞다', '아니다'를 반복하면서 자신을 괴롭힌다. 여자와 관계된 상상을 하면서 기다리는 시간은 불안하고 짜증난다.

새벽 2-3시, 남편은 만취된 채 태연히 들어와 뻗는다. 그럼 아줌마는 혹시 남았을지 모를 흔적을 찾기 일쑤다. 아침에 일어나자마자 남편에게 "왜 그리 늦었지? 왜 전화는 안 되는데?" 하고 따지고 들지만 별스럽지 않게 배터리 타령을 하면서 벗어 놓은 재킷에 있었다느니, 가방 속에 있었다느니 하며 태연히 회사로 출근한다. 잠을 제대로 못 잔 아줌마는 있는 대로 날카로워진다. 남편의 무성의한 답변에 의심은 커진다. 매번 같은 상황이 반복된다.

왜 전화를 할까? 믿지 못할 행동을 해서 그럴까? 아니면 상식적으로 그렇게까지 늦는다는 것이 이해가 되지 않아서일까? 사실 내면을 들여다보면 자신감이 없기 때문이다. 연애할 때를 생각해 보라. 남자 친구와 헤어지고 집에 들어와 편히 잔다. 남자 친구가 어딜 가든 감히 날 두고 딴 여자와 뭘 할거란 생각은 꿈에서조차 하지 않는다. 그만큼 자신감이 차 있다. 그런데 결혼을 하고 나면 왜 의심에 찬 전화기를 붙들고 있게 되는가! 갑자기 집사람이 되어 버려서 그렇다. 스스로 집에 묶인 사람이 되면 노예근성이 생긴다. 그동안 봐 온 드라마와 영화에서 결혼한 여자들은 하나같이 레이스 달린 앞치마를 하고 밥을 하면서 행복해 한다. 또 밥상에 앉아 남편에게 "국 어때? 맛있어?" 하고 묻는다. 그런 그림이 결혼 전부터 여자들에게 각인되어 있다. 그래서 결혼하기만 하면 누가 하란 것도 아닌데 레이스 앞치마를 두르고 주방으로 직행한다.

나 역시 드라마 같은 시각매체가 준 환상에서 벗어나 노예근성을 없애는 데 많은 시간을 투자했다. 분명 예전에는 누구보다 자유롭게 활동하며 살았었는데, 결혼하고 아이를 낳고 기르면서 어쩔 수 없이 집사람이 되어 버렸다. 전업주부는 눈에 보이는 경제적인 생산 활동을 하지 않기 때문에 더욱 집사람으로 위축된다. 무의식적으로 노예근성이 생기면서 남편의 일거수일투족이 관심사가 되고 내 감정까지 쥐었다 폈다 한다. 또한 아이를 낳고 기르면서 예전처럼 생기 있지도 젊지도 않은 자신을 본다. 그러면서 가는 세월 앞에 나도 별수 없지 한다. 자신도 모르게 그런 부정적인 생각이 긍정적 에너지를 빼앗아 가고 차츰 의심만 쌓인다. 술자리에 앉은 내 남자를 생각하면 불안하기만 하다.

결론은 상상의 방송국만 없앤다면 한결 편하게 기다리거나 잠들 수 있다. 술 마실 때마다 전화하고 늦을 때마다 잔소리를 하면 내가 아니라 사감 선생님만 남는다. 남편과도 멀어진다.

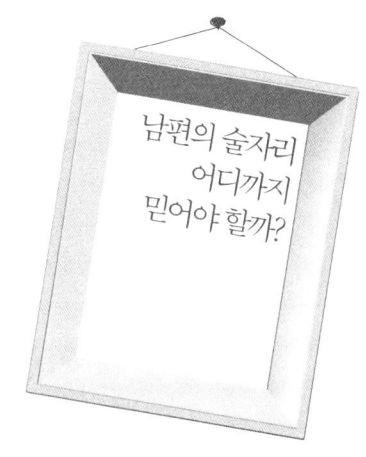

남편의 술자리
어디까지
믿어야 할까?

우리나라는 밤 문화(?)가 발달된 나라다. 특히 남자들을 위한 술 문화가 발달되어 있다. 남편들을 유혹하는 룸살롱, 도우미 딸린 노래방, 단란주점 등이 도처에 널려 있다. 이 몹쓸 술 문화가 여자를 잘 다루는(?) 것도 능력이라 생각하기 때문에 술이 과해지면 여자를 끼고 술집으로 이동한다. 그리고 다 같이 둘러앉아 옆에 앉은 여자와 함께 술잔을 기울인다. 돈만 주면 성도 얼마든지 살 수 있다. 남자들은 성매매까지 술 문화 속 하나의 이벤트처럼 생각한다.

그래서 죄책감도 없다. 이미 술을 마셔 이성은 마비된 상태고, 아내에 대한 애정, 자식들의 모습은 지워져 없다. 자기 본능에 충실해 보이는 것을 즐긴다. 그렇기 때문에 남편들은 다른 날과 별 다르지 않게 들어와 '여보' 하고 아내를 부둥켜 안을 수 있다. 물론 자기 욕구를 아주 잘 제어하는 남성들도 있다. 그러나 이런 바람직한 남성상은 그리 흔치 않다.

어떤 아줌마는 남편 주머니에 있던 핸드폰이 자동으로 눌리는 바람에 단란주점에서 아가씨들과 오가는 진한(?) 대화며 스킨십하는 소리까지 다 듣고 말았다. 그 아줌마는 가슴이 벌렁거려서 더 듣지 못하고 전화기를 내려놓았다. 또 어떤 아줌마는 느낌이 이상해서 핸드폰 위치 추적기를 이용해 근처 술집을 뒤지다 젊은 여자를 부둥켜 안고 있는 남편과 마주치기도 했다. 남편의 술 문화(?)를 진하게 경험한 아줌마들은 예전보다 한층 더 감시를 철저히 한다.

앞에서 말한 것처럼 전화기를 내려놓아야 하는데 이 세상이 그렇게 두질 않는다. 그렇다고 아줌마들이 일일이 찾아 나설 수도, 집에 앉아 전화로 원격 조정할 수도 없다. 마음만 먹으면 얼마든지 거짓말도 할 수 있고, 눈에 띄지 않게 할 수도 있다.

아줌마가 아무리 울고불고 해도 남편은 그 말에 깊이 공감하지 않는다. 그저 '아내가 아주 싫어하니깐 조심해야겠구나!' 혹은 '들키지 않게 해야겠구나!' 정도다. 그래도 좀 더 미안한 남편은 '되도록 가지 말아야겠구나!' 하고 생각한다. 그 속엔 '절대 가지 말아야지!' 하는 다짐 같은 건 없다. 물론 겉으로는 그렇게 약속하겠지만 말이다. 그렇기 때문에 한동안 이성의 힘으로 잘 버티다가도 술이 들어가는 순간 이성은 마비되고 같은 실수를 반복한다.

우리나라처럼 술 문화, 수컷 본능에 관대한 나라에서 아줌마들은 어떻게 살아야 할까? 알고 싶지 않아도 알게 된 경우 무섭다고 피하지 말고, 알게 된 순간 그 자리에서 쇼를 해라. 안 본 것처럼 도망치지 마라! 본 즉시 행동하라! 차분해진 후에 얘기해야지 하겠지만 그때가 되면 남편들은 왜 지난 일 가지고 그러느냐고 말한다. 다음은 절대 없다. '내가 눈감아 주면 미안해 하고 다신 그러지 않겠지?' 하겠지만 'Oh! No!!' 내 눈에 딱 걸렸다면 지금 당장 개 거품을 무는 쇼라도 해라. 그리고 다시는 가지 않겠다는 다짐도 받자. 그리고는 잊어라. 더 이상은 상상하지 마라. 당신만 상한다.

혹 쇼할 자신이 없다면 믿어라. 믿는다는 것은 누군가를 위해 하는 행위가 아니다. 나를 위해 하는 행위다. 믿는다고 말하면서 전화기를 들고 절망하며 분노하는 것은 믿음에 대해 잘못 생각하고 있기 때문이다. '네가 나에게 믿음을 줘야 믿는다'고 생각하는 것은 믿을 만한 행동을 할 때까지 내가 너를 감시하면서 피곤하게 늙어가겠다는 말과 같다. 절대 너를 위해 믿지 말고 나를 위해 믿어라.

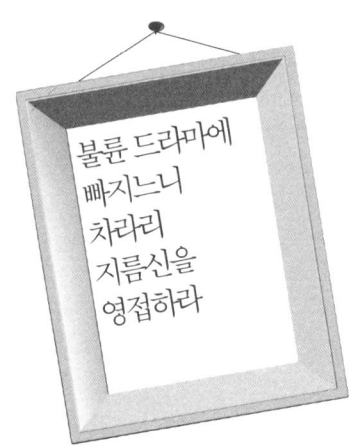

불륜 드라마에
빠지느니
차라리
지름신을
영접하라

많은 아줌마들이 남편이 늦어지면 상상 속 방송국에서 불륜 드라
마를 만들어 보고는 불끈한다. 지금부터 이렇게 해보자. 12시, 자정
을 넘기면 쇼핑을 하기 시작하자. 쉽게 말해 내 머릿속에서 스스로
를 괴롭히는 불륜 드라마 채널을 쇼핑 채널로 바꾸는 것이다. 그리
고 남편에게 이렇게 선언하자. "당신이 12시 넘어서도 안 들어오면
나는 쇼핑을 하면서 외로운 나에게 위로의 상을 주기로 했어요." 그

리고 평소 필요한 물품들을 정해 10만 원 정도를 원칙으로 구매하자.

나는 주로 옷을 샀는데 10만 원 정도 하는 물건 한 개나 5만 원 정도 하는 물건 두 개를 사는 것으로 정했다. 그렇다고 쇼핑하는 것이 아깝지 않았던 것은 아니다. 다만 쇼핑을 하는 사이 쓸데없는 불륜 드라마를 만들지 않아도 되고, 산 물건들이 배달되어 올 때는 기쁨도 컸다. 새 옷이 많아지면 나갈 때 자신감도 생긴다. 나 스스로 자신감이 넘치면 남을 의식하지 않는다. 대부분 내가 초라해 보이면 예쁜 여자들이 눈에 자꾸 보이고, 회사 미스 김, 미스 박이 신경 쓰이는 것이다.

나는 쇼핑하는 사이 안 들어오는 남편에게 전화 걸고 싶은 생각이 점점 사라져 갔고, 불륜 드라마도 더 이상 틀지 않았다. 어느 날은 이것저것 따지느라 시간이 모자라 좀 더 늦게 왔으면 하기도 했다. 그러다 보니 자연 쓸 만한 물건들이 늘어나기 시작했다. 어느 날 남편이 "이거 다 샀느냐?"고 묻길래 "당신이 12시 넘어서 들어오면 쇼핑한다고 했잖아요. 개수를 세어 보면 당신이 몇 번 늦었는지 보일 거예요" 하고 대답했다. 물건이 늘어가자 돈이 아까웠는지, 자기 시간이 보였는지 그렇게 말해도 듣지 않던 남편이 서서히 시간에 맞춰 들어오기 시작했다.

이제는 남편이 늦는 날에도 쇼핑 없이 책을 읽거나 글을 쓰다가 피곤하면 그냥 먼저 잠자리에 든다. 예전 같았으면 전화기를 붙들고 내가 만든 상상 속 불륜 드라마에서 헤매었을텐데 말이다. 이렇게 해서 나는 전화하는 습관과 불륜 막장 드라마를 끝냈다.

1. 잘 살려거든

남편에게 울며 매달리지 않기를 바란다. 매달리면 매달릴수록 관계는 엉망이 되기 쉽다. 경험을 떠올려 보라. 아이들이 뭔가를 가지고 싶다고 울고 매달리면 어떤 생각이 드는가? 사랑스럽나? 아니다. 오히려 짜증스럽다. 울어서 해결되는 일은 이 세상에 아무것도 없다. 울며 무엇을 달라고 하기에는 아줌마 당신은 너무 컸다. 어른이다. 어른답게 행동하라.

먼저 해야 할 일은 마음의 빈 공간을 채우는 일이다. 아줌마들은 남편의 외도를 알고 '마음 둘 곳이 없다'는 말을 많이 한다. 정신적으로 남편을 의지하며 살던 공간에 나를 채워야 한다.

행복한 결혼생활은 부부가 온전히 하나가 되는 걸까? 뒤에서 이야기하겠지만 말도 안 되는 소리는 집어 치워라. 두 사람이 어떻게 하나가 되겠는가! 그건 둘 중 한 사람이 자기를 포기하거나 '너의 맛도 내 맛도 아닌' 개성 없는 회색 인간이 되어야 가능하다. 경험으로 알겠지만 남편이 아내 대신 다시 사랑하고 싶었던 사람은 자기 인생을 사랑하고, 자기 이야기를 하며, 자기 것을 소중히 여기는 어떤 여자였다. 말도 안 되는 환상에 빠지지 말고 마음의 빈 공간에 나를 채우자.

2. 도저히 못 살겠거든

남편의 외도 때문에 정말 못 살겠거든 막연하게 감정적으로 접근하지 말고, 이성적으로 접근하길 바란다. 이는 남편 쪽에서 이혼 요구를 해올 때도 마찬가지다. 도장을 찍기 전에 재산분할, 아이 양육 소유권, 양육비, 하다못해 집에 있는 가전제품과 가구까지 상세히 적고 나누자. 그리고 반드시 공증을 받자. 하지만 대부분의 아줌마들은 구두로 약속을 한다. 치사하고 더러워서 더 생각하고 싶지 않다며 계산하려고 하지 않는다. 특히 양육비 같은 경우는 "얼마를 매달 보내 준다고 했으니 믿을래요. 애들 아빠인데 설마 거짓말하겠어요?" 한다. 거짓말을 하려고 해서가 아니라 몇 년을 주고받아야 하기 때문에 꼭 문제가 생긴다. 주변의 사례를 보면 처음과 달리 여러 이유와 변명거리로 양육비를 주지 않는 남편들이 많다. 그런 후에야 '양육비 소송을 하네 마네' 하며 골머리를 앓는다. 긴 세월을 주고받는 것은 생각처럼 쉬운 일이 아니다.

명심하자! 대부분 집과 차는 남편 소유로 되어 있는 경우가 많다. 꼭 이혼이 아니더라도 이번 기회에 재산분할을 해두면 좋다. 남편은 재산분할을 하면서부터 사태의 심각성을 알고 현실을 인식하기 시작한다. 그리고 법원에 가서 도장을 찍어라. 도장을 찍는다고 당장 남이 아니다. 3개월의 조정 기간을 거친 후 구청에 신고서를 제출해야 비로소 남이 된다. 남편은 조정 기간 동안 자기의 감정 놀이가 가정을 위태롭게 했다는 사실을 깨닫는다. 아줌마 역시 자신의 삶을 돌아보게 된다. 대부분의 사람들은 이 기간 동안 서로 잘 살 방법을 찾는다.

3. 이것도 다 지나간다

지금은 죽을 것같이 힘들지만 뒤돌아 세월이 흐르고 나면 그건 하나의 에피소드에 지나지 않는다. 검은 점을 그려 놓고 이 사건도 지나고 보면 이 점에 불과할 거라는 생각을 끊임없이 하라. 시간이 흐르지 않는 것처럼 느껴지고 잠도 오지 않는다면, 내일 당장 눈을 뜨고 싶지 않다면 예전에 아주 많이 힘들었던 일 하나를 지속적으로 떠올려 보라. 그때는 죽을 것같이 힘들었지만 지나고 보니 아무것도 아니다. 이 일도 그렇게 될 거라고 계속해서 기억해라.

4. 부정적인 감정을 다스려라

과거를 답습하지 않으려면 더 이상 불안해 하지 말고 나쁜 감정을 떨치고 일어서야 한다. 누가 나를 괴롭히고 있는 것이 아니라 내가 나 스스로를 괴롭히고 있음을 기억하라. 너무 괴로워서 못 견딜 때는 거울을 보거나 화장실처럼 나만 있는 공간에 들어가 큰 소리를 내고 "하하" 웃어라. 물론 억지로지만 순간적으로 기분이 나아지는 것을 느낄 수 있다. 계속해서 큰 소리로 "하하하"를 외쳐라. 힘들다고 인상 쓰고 있으면 당신은 더 초라해진다. 우리가 원하지 않는 감정이나 기분에 갑자기 사로잡히는 것을 완전히 통제할 수는 없지만 그 감정 자체에 빠져드는 것은 어느 정도 막을 수 있다. 감정이 고무줄처럼 늘었다 줄었다 하면서 자신을 괴롭힐 때는 앞서 말한 허수아비를 떠올려 보라. 그러면 내가 지금 허수아비를 세워 놓고 싸우고 있다는 것을 깨닫게 될 것이다. 매번 허수아비를 떠올리며 잡념을 없애라. 그러면 감정은 단단해진다.

5. 나에게 집중하라

감정의 기복이 너무 심해 일상적인 가사 노동에서 의미를 찾기 힘들다면 잠시 손을 놔 보자. 저녁은 매번 외식을 하고, 청소는 기본적인 것만 하자. 대부분 아줌마들은 자신의 감정을 주체하지 못하겠다면서 저녁 시간만 되면 주방에 매달려 있다. 그리고 계속해서 '사는 게 왜 이리 재미없느냐고' 한숨을 쉰다. 아줌마들이 이렇게 주방 일에 매달리는 것은 남(아이들과 남편, 이웃)의 시선을 의식하기 때문일 때가 많다. 많이 지쳐 있으면서도 남편에게 가정적인 자신을 보여주고자 매달리지 말자. 감정이 바닥을 치고 나면 올라올 힘이 생기듯 가사 노동도 마찬가지다. 손을 놓고 있다 보면 스스로 해야겠다는 새로운 힘이 차오른다.

노예근성을 버리고 조금씩 더디게 움직여라. 남편의 눈치와 분위기, 기분에 맞춰 움직이는 것을 중단하고 불편하게 놔 둬라. 나에게 집중하라.

6. 단호하게 행동하라

무엇이든 결정했다면 못 먹어도 go! 나중에 '잘못된 행동이었어!' 하더라도 해보지 않은 것보다 낫다.

7. 행복도 습관이다

언어학자들이 말하길 '말'이 있기 때문에 우리는 '생각'하고 '감정'을 가질 수 있다고 한다. 이처럼 '행복'하다는 말을 자주 하면 뇌는 행복하려 애쓴다. 행복은 누가 가져다주는 것이 아니다. 누군가의 말처럼 '행복도 습관이다.'

아내, 며느리는 결혼한다고
거저 되는 것이 아니다

결혼은
온전한 둘로
사는 것이다

사랑하는 사이에서 누가 권력을 잡는가! 당연히 덜 사랑하는 사람이 권력을 잡는다. 그 이유는 간단하다. 더 사랑하는 사람이 나를 버리고, 그 또는 그녀가 원하는 사람이 되려고 노력하기 때문이다. 연애 때는 나를 버리고 '사랑은 하나 되는 것'이라는 환상에 빠져도 괜찮다. 어차피 유통 기간이 있어 헤어지기 마련이니깐! 잠시 동안 하나 되려고 몸부림치다 가슴 터질 것 같은 고통을 맛보아도 괜찮다. 그 고통은 성장의 밑거름이 될 거니깐!

하지만 결혼은 다르다. 유통 기간부터 너무 길다. 결혼식장에서 나오는 순간부터 별 다른 이유가 없으면 무덤에 들어가는 그 순간까지다. 그러니 '사랑은 하나 되는 것' 하다가는 정신병자 되기 딱 좋다. 그런데도 아줌마들은 결혼하면 남편 단 한 사람만을 사랑하려 하고 버릇처럼 하나가 되려고 애쓴다. 그 순간 자기 인생은 정지 상태가 되고, 하나도 둘도 아닌 어정쩡한 관계 속에서 휘둘림을 당한다.

결혼한 사람에게 사랑은 '온전한 둘이 되는 것'이다. '나'와 '남편' 이렇게 둘을 모두 사랑해야 경쟁력을 잃지 않는다. 모든 경기에서도 마찬가지다. 최소 두 사람이 달려야 더 긴장하게 되고, 경기 성적도 좋아진다. 결혼생활에서도 두 사람이 온전한 둘로 서 있을 때 더 잘 하고자 애쓰기 마련이다. 그래야 사랑의 노예가 되어 다 주고는 빈껍데기만 남아 후회하는, 그런 일이 없게 된다. 당신이 지금 너무 힘들다면 '사랑은 하나가 되는 것'이라는 환상에 속아 왔기 때문이다. 예부터 모든 세상 이치에 대한 정의를 내린 사람들은 남자였다. 남자들이 '하나'라고 말한 이유는 자신들을 위한 전략에 지나지 않는다. 금세 시들해지는 게 사랑이다. 경쟁자인 '나'를 버리고 '그'만을 택하는 일이 없어야 한다. 둘이 되면 남편의 외도로 잠시 주춤하다가도 금방 일어설 수 있다. 배반의 장미가 피어도 그 뿌리까지 잘라내는 용기가 생긴다.

만약 여태까지 이런 환상 속에 헤매었다면 이제라도 나를 남편의

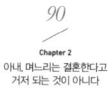

경쟁자로 우뚝 세우자. 그래야 대출금에 아이들 학원비, 전세 자금 등 생계형 계획을 세우다가도 때가 되면 홀홀 털고 일어나 "올해는 나만을 위한 여행을 떠날 거야"라고 말할 수 있게 된다.

자신을 잃어버린 아줌마들 대부분은 공통적으로 이렇게 말한다. "무서워서 어떻게 혼자 가나요." 그럴 때면 참 기가 막힌다. 산부인과에서 더 무서운 산고 끝에 애도 낳아 본 사람이 혼자 여행 한 번 가는 게 무섭다고? 그냥 사는 데 길들여진 거다. 사는 데 길들여지면 혼자 뭘 하는 게 두렵다. 결혼생활 중 '사랑'이라는 이름에 속아 남편만 바라보고 살면 결국 껍데기만 남는다. 그리고 혼자 뭘 한다는 게 무서워진다. '하나'라고 우기다 보니 혼자 할 수 있는 게 아무것도 없다. 반쪽짜리 인생이 무엇을 할 수 있겠는가! '사랑은 하나여야 한다'는 환상에 속지 말고 온전히 둘이 되어야 결혼이라는 하나의 그림이 완성된다.

> "만일 그를 사랑하는 일이 너를 사랑하는 일을 방해하고 너의 성장을 해치고 너의 일을 막는다면 그건 사랑을 하는 것이 아니라 네가 그의 노예로 들어가고 싶다고 선언을 하는 것이다."
>
> – 공지영,《네가 어떤 삶을 살든 나는 너를 응원할 것이다》 중에서

남자들끼리 잘하는 말이 있다. 아내를 '잡아 놓은 물고기'에 비유하며 이 물고기에겐 과한 떡밥을 줄 필요가 없다고 우스갯소리를

한다. 남편은 무의식중에 아내를 바라보면서 '잡아 놓았다'고 생각한다. 그러기에 더 이상 공을 들이지 않는다. 그저 제 시간에 밥(월급)만 넣어 주면 스스로 잘 지낸다고 생각한다.

이 논리 그대로 남편 역시 '내가 잡아 놓은 물고기'다. 결혼과 동시에 '가정'이라는 큰 어항에 같이 들어갔다. 남편이 제 아무리 자유롭다 해도 어항 안이다. 그럼 뭐가 불안한가! 잡힌 물고기를 들여다보면서 "바다로 도망칠 거야? 넌 내꺼지? 날 사랑해?" 하고 매일 물어볼 이유가 없다.

내 눈에 남편이 너무 멋져 '다른 여자들이 다가오면 어쩌지?' 하고 심히 걱정스럽다면 어항 속에 있는 물고기를 보며 비명 지르고 있는 당신을 상상하라. 내가 어항에 넣었다고 해서 어디로 사라질까 두려워하고, 혹 바위틈이나 풀 사이로 들어가 보이지 않는다고 '물고기가 없어졌어!' 할 이유가 있는가! 유치원 다니는 아이도 어항 안에 잡힌 물고기가 제 발로 걸어 나갈 수 있다고 생각하지 않는다.

불안을 없애자고 잡아 놓은 물고기에 과한 떡밥과 미끼(관심과 지나친 사랑)를 던지는 행위를 하지 마라. 떡밥과 미끼는 물고기를 낚을 때 필요한 것이지 이미 잡은 물고기에겐 필요 없다. 과한 떡밥은 물을 오염시켜 그 물고기만이 아니라 같이 사는 물고기까지 죽일 뿐이다.

이제 잡은 물고기에는 신경을 끄고 나 자신에게 관심을 갖자. 그렇게 되면 이번에는 남편 쪽에서 왜 이리 조용한지 먼저 들여다볼 것이다. 아이들이 어려 당장 아무것도 할 수 없다면 꿈이라도 꾸자. 문구점에서 이력서 용지를 사서 앞으로의 10년 계획을 적어 보자. 아이들이 크고 나면 뭐든 할 수 있게 벽에 붙여 놓고 자신감을 충전하자. 잡아 놓은 물고기만 너무 오래 들여다보면 우물 안 개구리가 된다. 자기 인생이 없는 사람은 나이 들어 외롭다. 지금부터라도 자기 인생을 써 내려가자.

존중받는
여자로
사는 법

결론부터 말하자면 존중받는 사람처럼 행동해라! 그렇다면 존중받는 사람들은 어떻게 행동할까? 매우 단순하다. 사람은 존중받지 못하면 항의하게 된다. 그렇게 했는데도 여전히 변하지 않는다면 그 사람과 관계를 끊게 된다.

많은 아줌마들이 남편과 시댁 식구, 그리고 자식, 주변 사람들이 자신을 무시한다고 말한다. 매번 따지자니 마음이 불편하고, 참자

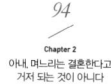

니 끝도 없고. 그러다 시간이 가면 "내가 가마니라 가만히 있는 줄 알아!" 하고 분통을 터뜨리며 불평만 할 뿐 행동하지 않는다. 물론 관계를 끊으라는 소리가 아니다.

만약 남편이 나를 존중해 주지 않는다면 쇼를 좀 할 필요가 있다. 뜬금없이 "왜 나를 존중해 주지 않아?"라고 하면 싸우자고 덤비는 것밖에 되지 않는다. 감정 잡고 분위기는 잡아야 될 것 같은데 쉽지 않다. 와인 한 병 꺼내 두고 마주 앉을 기회를 만들어 보자. 남편이 "왜 안하던 짓 하는데?" 하며 이상한 눈초리로 쳐다봐도 때를 놓치지 말고 속내를 털어놓자. "내가 존중받지 못하는 것 같아 속상해"라고 말머리를 시작하자. 그리고 구체적인 예를 들어줘라. 상대방을 비난하며 빈정대는 말투는 안 된다. "이렇게 된 건 다 당신 때문이야~~"란 식은 남자에겐 대화를 하고자 하는 욕구를 떨어뜨리고 빨리 상황에서 벗어나고 싶게 만든다. 자신의 이야기를 해야 한다. "요즘 나는 결혼생활을 잘 하고 있는 건지 모르겠어~~!"라고 이야기해 보자. 이야기의 초점이자 주인공은 '나'로, 도움을 주어야 할 쪽은 '당신'으로 설정해 이야기를 시작하는 것이다. 대부분 대화에 실패하는 이유는 이야기의 초점이 비난받아야 할 '당신', 비참한 '나'에서 시작하기 때문이다.

그럼에도 남편이 별 반응이 없고 여전히 무시한다면, 아이 업고 하루쯤 핸드폰을 꺼둔 채 외출할 수도 있다. 들어왔는데 빈 집이라니? 생각만 해도 통쾌하지 않은가! 나의 경우 다른 일 때문이긴 했지만 핸드폰을 꺼둔 채로 차 안에서 일주일간 먹고 자고 공중화장실에서 씻으며 지낸 적이 있다. 문제는 아가씨 때와 달리 겁 많아진 아줌마들이다. 주변 아줌마들에게 이런 말을 하면 "아이들이 너무 어려요! 무섭지 않나요?" 하고 주저한다. 하지만 무시당하며 그냥 꾹 참고 사는 아줌마, 당신이 더 무섭다!

상황과 남편의 성향에 따라 행동은 다양하게 달라질 것이다. 하지만 꼭 기억해야 할 것은 참고 사는 당신이 그리 아름다워 보이지 않고, 때론 독해 보이기까지 하다는 것이다. 남자는 여자를 보호하기 원한다. 그러기 위해 상처 받았다는 것을 드러낼 필요가 있다. 행동하라! 독하게 참는 여자보다 어디로 튈지 모르는 여자가 더 매력적이다!

만약 지금의 시댁 사람들이 나를 존중해 주지 않는다면 어떻게 해야 할까? 못된 아내, 며느리가 된다 해도 어쩔 수 없다. 어차피 '행복'이란 남이 채워 주는 것이 아니다. 내가 스스로 만드는 것이다. 일정 기간 찾아뵙지 않는 걸 시도해 볼 수 있다. 매번 무시하는 태도를 보이는 시댁에서는 불만을 표현하지 않는 며느리가 정말 괜찮은 줄 안다. 괜찮지 않다는 것을 보여 주기 위해 일정 기간 시댁 출입을 하지 않는 것이다. 단, 일정 기간이길 바란다. 부모 없는 자식 없듯 내 남자의 부모를 오랜 시간 모르는 척하고 산다는 건 도리(?)에 어긋난다. 또 자식 키우는 입장에서 절대 좋은 사례가 될 수 없다.

나는 신혼 초 가장 많이 싸웠던 이유 중 하나가 시댁이었다. 그래서 시대 부모님에게는 "저는 어머니 말씀처럼 딸 같은 며느리가 아니에요. 전 그냥 며느리예요. 딸 같다는 말씀, 하지 마세요! 딸은 엄마가 이 얘기 저 얘기해도 다 이해하지만, 며느리는 막말하시면 서운하고 화가 나요"라고 말했다. 이렇듯 존중해 주지 않으면 할 말은 했다.

심리학자들은 존중받는 사람들은 하나같이 존중받을 행동을 한다고 말한다. 내가 이상형으로 꼽고 있는 사람을 머릿속으로 떠올려 보자. 그녀가 이 상황이라면 어떻게 할까? 나를 무시하는 자리에 가만히 둘러앉아 있을까? 밥상에서 수저를 놓고 나갈까? 선택은 오로지 당신 몫이며, 그 책임도 당신 몫이다.

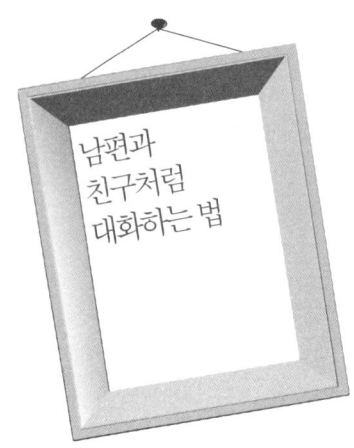

남편과
친구처럼
대화하는 법

13세기 신성 로마제국을 통치하던 프레데릭 3세 황제는 인간이 최초 어떤 언어를 사용했는지가 궁금해 갓 태어난 신생아를 데리고 실험을 했다고 한다. 신생아들을 태곳적과 같은 환경에 두려고 유모들에게는 말을 하지 않도록 엄격히 통제했다. 아기들은 그 어떤 언어도 들을 수 없는 환경에서 물질적인 풍요를 누리며 자랐다. 그 아기들은 어떻게 됐을까? 아기들은 단 한명도 남지 않고 다 죽고 말았다. 말을 주고받지 않는 환경은 물질의 풍요와 상관없이 아기들을 죽게 했다. 그만큼 사람에게 의사소통은 중요하다.

아내에게도 대화는 중요하다. 하루의 스트레스를 풀고 일과를 나눌 상대가 필요하다. 특히 아이가 어릴 때는 말할 상대가 없다. 다행히 이웃집에 같은 나이 또래가 있다면 괜찮지만, 그렇지 않다면 남편과의 대화는 유일한 소통 창구 역할을 한다. 이때 대화가 잘 되면 평생 간다.

하지만 현실은 그렇지 못하다. 아이를 키우는 아내들이 공통적으로 하는 말이 "남편과 둘이 있으면 할 말이 없다"는 것이다. 할 말이 없다 못해 서먹서먹하다고도 말한다. 심지어는 "그 사람하고는 전혀 말이 안 통해요" 한다. 결혼 전까지는 같은 세계에 살던 사람들이 결혼 후엔 이상하게도 다른 세계에 사는 사람들 같다. 점점 공통의 화제를 갖기 어려워지고 사이 또한 멀어진다. '육아'라는 공통 화제를 빼면 좀처럼 할 얘기가 없어 줄곧 아이들 얘기만 늘어놓는다. 이렇다 보니 대화는 줄어든다.

남편과 대화가 마르지 않기 위해서는 꾸준히 이야기를 들려주고, 반응도 가르쳐 줘야 한다. 이런 이야기를 하면 아줌마들은 '그런 것도 가르쳐야 해?' 한다. 남자와 여자는 근본적으로 다르니 가르쳐 줘야 한다. 하루에 남자가 1만 개의 단어를 사용한다면, 여자는 2-3만 개의 단어를 사용한다. 두세 배의 단어 차이가 난다는 것은 남자가 여자보다 표현에 서투르고 반응이 적다는 말이다. 즉 '남편도 알거야'라는 오해를 버려라.

"여보, 이때는 이렇게 말해 줘야 기운이 안 빠지지!"

"여보, 나 이런 말이 듣고 싶었는데."

"내 이야기 좀 들어봐 줘. 당신이 들어주는 것만으로도 해결될 것 같아."

"나 당신이 좋아할 것 같아서 종일 청소했는데 칭찬 좀 해줘 봐. '잘했어' 하고 말이야!"

이렇게 자신이 원하는 반응을 직접 가르쳐 줘야 한다.

또 한 가지, 남자는 이야기를 들으면 해결해 줘야 한다고 생각하고, 여자는 들어주는 것만으로도 해결된다는 사실이다.

예를 들어보자. 아내가 옆집 아줌마 흉을 보았다 치자.

남편은 바로 "그 아줌마랑 놀지마!"라고 말할 것이다. 그러면 아내는 "어떻게 안 놀아. 옆집이고, 아이 학교 엄마인데" 그런다. 남편은 어이없다는 표정을 지으며 "그럼, 왜 이야기하는 건데?" 하고 핀잔을 준다. 아내는 "그냥 좀 들어주면 안 돼? 당신은 꼭 이런 식이야"로 대화가 마무리된다.

다른 예를 들어보자.

아내가 "어머니는 매일 그러시더라. 나 힘든 건 생각도 안 하시고" 하며 불평을 늘어놓자 남편은 딱 잘라 말한다. "그럼 안 한다고 하면 되잖아!" 그러자 아내는 이런다. "어떻게 안 한다고 해!" 남편은 짜증난다는 듯이 "그럼 말을 말던가!" 하고 또 핀잔을 주니, 아내는 화가 나 "당신도 어머니랑 똑같아!" 하고 토라진다.

두 이야기를 보면 남편은 귀찮아 대화를 빨리 끝내고 싶어 하는 것처럼 보이지만 사실 해결해 주고자 하는 말일 때가 많다. 차이를 인정하지 않으면 오해가 생기고 입을 다물게 된다. 더 심해지면 입을 다문 상대를 비난하게 된다. 그러다 보니 대화가 사라진다. 남편은 해결책을 제시해 주어도 그대로 하지 않으면서 매일 같은 이야기로 징징 대는 아내를 이해할 수 없고, 아내는 대화다운 긴 이야기를 할 수 없는 남편이 답답하다. 대화가 끊긴 자리에는 샘물이 마르듯 사랑도 마르기 때문에 끊임없이 꼭 시도해야 한다.

———————— 마르지 않는 대화를 위한 Tip ————————

1. 남편이 나와 같은 마음일거라는 생각을 버려라.

피를 나눈 형제자매도 다른 생각을 하는데, 피 한 방울 섞이지 않은 남편은 어떠하겠는가! 남편이 내 마음과 같을 거라고 생각하는 건 편한 데로 끼워 맞춘 시나리오에 불과하다. 남편 역시 당신과 같은 시나리오를 쓴다. 시나리오를 쓴 다음, 배우가 자기 뜻대로 움직이지 않는다고 '일부러 그런 걸 거야' 하는 식의 불필요한 오해를 하지 말아야 한다. 서운한 것이 있으면 말해야 알고, 바라는 게 있으면 그 자리에서 요구해야 안다.

2. 대화의 시작은 "나는~"으로 시작해야 한다. 보통 "당신은~"으로 시작한다.

예를 들어, 남편이 늦게 들어왔다.

"당신, 어디 갔다 이제 와! 또 술 마셨어? 전화는 왜 안 받아!"가 아니라 "나는 정말 속상하더라. 전화도 안 받고. 어디 갔다 와? 술 마신 거야?"와 같이 바꿔 보는 노력이 필요하다.

또 집에 돌아온 남편에게

"오늘 어땠어?"가 아니라 "나는 오늘 이런저런 일을 했는데… 기분이 별로 안 좋았어. 당신은?" 이렇게 말해야 한다.

남편과의 대화를 "나는~"으로 시작하면 자기감정을 먼저 말하게 되기 때문에 상대를 비난하게 될 확률도 줄어든다. "당신~"으로 시작하면 공격하고 있지 않아도 상대는 공격당하는 것처럼 들리기 때문에 방어적으로 나온다. 자신의 평소 언어 습관을 한번 돌아보길 바란다.

3. 남편 반응을 염두에 두지 말기 바란다.

남편의 반응을 먼저 생각하면 말을 고르게 된다. 또 표정을 살피면 말하기 힘들어진다. 남편이 그러거나 말거나 내가 하고 싶은 얘기를 풀어놓자. 남편을 옆집 아줌마라 생각하고 자주 이야기를 걸어야 차츰 반응이 나온다. 오랫동안 이야기가 없었더라도 자꾸 말을 붙이면 상대도 대답하게 된다. 단, "저 사람이 그럼 그렇지"하고 먼저 물러서지만 않는다면 말이다.

남편이 퉁명스러운 건 어떻게 답을 해줘야 할지 모르기 때문일 수도 있다. 아내가 남편의 반응을 보면서 말을 고르듯, 남편도 어떻게 답을 해줘야 할지 모를 수 있다. 그래서 횟수를 늘리라는 거다. 어부가 허탕 친다고 그물을 안 던지나? 허탕 칠수록 더 열심히, 더 멀리 던지는 법이다. 아이를 키우다 보니, 사회생활로 바쁘다 보니 정작 내 사람과 대화하는 법을 서로 까먹은 것뿐이다.

결혼은 평생 마음 잘 맞고 소통할 사람을 얻는 일이다. 평생 내편이 되어 줄 사람을 찾았다고 판단해서 결혼하지 않았던가! 그런데 지금은 어떤가? 평생일 줄 알았던 사랑도 식은 지 오래, 소통도 끊긴 지 오래, '내 편!'인 줄 알았더니 '남 편!'인 게 아닌가? 거리에 나가 연인들을 보라. 버스 안이건 지하철 안이건 둘이 몸을 기댄 채 뭐라고 쉴 새 없이 떠든다. 사랑의 마법에 걸려 있기 때문이다.

오랜 결혼생활에는 그런 마법이 없다. 그럼에도 해답은 거리의 연인들에서 찾을 수 있다. 바로 쉴 새 없이 떠드는 것! 떠들다 보면 마법보다 더 강력한 주문이 만들어진다.

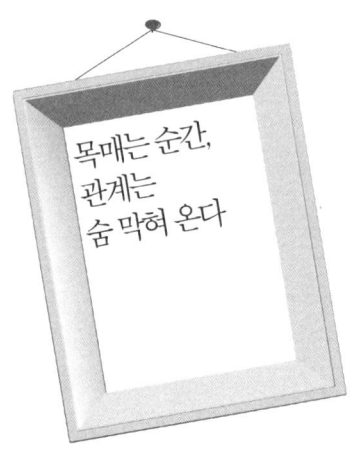

목매는 순간,
관계는
숨 막혀 온다

"사랑은 움직이는 거야" 하는 광고 카피가 한창 유행하던 때가 있었다. 결혼 전에는 그리 신경 쓰이지 않았는데, 결혼을 하고 아줌마가 되면 사랑이 움직일까 봐 노심초사한다. 나는 초라해지는 것 같은데, 남편은 여전히 총각처럼 반짝일 때 불안해진다. 거기에 남편이 부쩍 외모에 신경을 쓰고 거울을 본다면 불안은 가중된다. 그러면 아내들은 남편에게 더 잘하려고 애를 쓴다. 반찬에 신경을 쓰고, 집안을 정리하며 시댁에도 자주 간다.

이상하게 아줌마들은 결혼을 하면 줄다리기를 하지 않는다. 사랑의 묘미는 줄다리기에 있다. 그런데 아이를 낳고 나면 줄다리기를 할 여력을 잃는다. 육아가 힘들기도 하고, 안정적인 결혼생활이 그럴 필요성을 느끼지 않게도 한다.

줄다리기를 떠올려 보라. 줄다리기를 하다 한 쪽이 힘을 빼면 어떻게 되는가? 일방적으로 질질 끌려간다. 그 다음부터 못된 남편이 되는 건 시간문제다. 전과 달리 일방적으로 화를 내고 반찬에 대해 이런저런 악평을 늘어놓고, 집안 꼴에 대해 이야기하는 그런 전형적인 남편이 된다. 그렇게 시간이 또 흐르면 아줌마들은 "우리 남편은 원래 성질이 못됐어" 한다.

사랑에는 줄다리기가 필요하다. 팽팽하게 맞서다가도 끌려가고 때로는 끌려오고, 어느 순간 승리한 줄 알았는데 확 잡아끄는 그런 힘이 있어야 제 맛이다. 긴장을 놓았다가도 팽팽하게 맞서는 상대가 있어야 할 만하다.

주변 사람들이 모두 인정하는 참 못된 남편을 모시고(?) 사는 아줌마가 있다. 이 아줌마에게 다들 하는 소리가 이렇다. "너무 착해서 탈이야!" 요 며칠 전에는 남편이 한 마디 상의도 없이 어머니를 모셔 와서는 "병원 치료하는 몇 주간 집에 계실거야"라고 했다. 아픈 부모를 모시는 건 당연하지만 갑자기 한 마디 상의도 없이 모시고 오는 건 아내를 배려하지 않는다는 얘기다. 시누이에게 전화를 하니 이미 시댁 식구들끼리는 며칠 전부터 그렇게 하기로 얘기가 끝난 상태였다. 서운하기 그지없다. 이 밖에도 자기 멋대로 몇백만 원 하는 골프 회원권을 끊고 용품들을 사들인다. 그렇다고 접대를 위해 골프를 쳐야 하는 직장도 직책도 아니다. 기술직 월급쟁이 봉급에 엄두도 나지 않는 일을 척척 벌인다.

그 아줌마는 부업을 한다. 커다란 고무판에 수백 개의 아주 작은 구멍을 내는 일이다. 장당 형편없는 값을 받는 그 일을 매일 한다. 왜 그러고 살까 싶은데 남편이 좋단다. 아직도 남편을 보면 설렌다고 말한다. 아직 눈에 씌운 콩깍지가 벗겨지지 않았다.

내가 보기에는 그렇다. 사랑은 원래 평형을 잃고 한 쪽으로 쏠리기 시작하면, 다른 한 사람은 그 사랑을 부담스러워 피하거나 역이용하려 든다. 텔레비전에서 예쁜 여자 연예인들이 나와서 남자 친구에게 차인 이야기를 한다. 그 이야기의 핵심은 하나같이 이렇다. "제가 사랑을 하면 다 주는 성향이라 상대가 질려 헤어지자고 해요." 사랑은 다가가면 멀어지고, 멀어지려 하면 다가온다. 다시 강조하지만 사랑은 줄다리기의 연속이다.

남편에게 일방적으로 다 주기 시작하면 게임은 끝이다. 사랑에 목을 매면 사랑이 목 졸라오고, 남편에게 목을 매면 남편이 목 졸라온다.

부모님,
결혼생활의
그림자

어려서 나의 부모님은 자주 싸우셨다. 싸움의 원인 제공자는 대부분 아버지였다. 원인은 복잡하지만 대략 술과 관여된 문제였다. 심각하게 싸운 다음 날은 당장이라도 이혼할 기세였다. 어린 시절, 부모님이 싸우면 너무도 무서워 이불 속에 숨어 있었다. 그리고 빨리 끝나게 해 달라고 기도도 했다. 그러다 잠잠해져 며칠간은 잘 지내고, 며칠 후에는 그 놈의 술 때문에 또 싸웠다.

나는 부모님처럼 아이 앞에서 싸우지 않으며 살 거라 다짐했다. 싸우고 살아야 한다면 부부가 맞지 않는 거니 하루 빨리 헤어지는 게 상책이라 믿었다. 결혼을 하고 남편에게도 그 이야기를 했다. 연애 시절 화가 나면 즉시 화를 냈던 여자가 결혼하자 돌변해 "아이 있어. 좀 있다 이야기해"라고 했다. 처음에는 호응이 좋았다. 교양 있는 부모처럼 우리 부부는 아이 재우고 말다툼을 했다. 그러나 날이 지날수록 문제가 커졌다. 나도 그랬지만 남편은 매번 아이 재우고 화를 내는 것에 짜증을 냈다. 신혼 초에는 사소한 일로 부딪치는 일이 많다. 그런데도 매번 '나중에, 나중에'라고 하니 답답해 했다.

그러던 어느 날, 남편이 이야기 좀 하자고 했다. 나는 또 "아이 재우고 나중에 이야기해" 하고는 방으로 들어가 버렸다. 화가 난 남편이 밥상을 엎어 버렸다. 내 뒤로 밥그릇이 나뒹구는 소리가 들렸다. 그 순간, '결혼생활이라는 게 혼자 그림을 그린다고 되는 게 아니구나. 싸우지 않고 살 수 없는데도 억지스럽게 부모님의 결혼생활 그림자 때문에 나중에만 반복하고 있었구나' 하는 생각이 번개처럼 지나갔다. 나는 액션 영화의 한 장면처럼 날아올라 문을 뻥 찼다. 그리고는 문이 부서질 듯 큰 소리를 쳤다. 그리고 예전의 나로 돌아가 화를 냈다. 그 사건 이후 싸우는 방법을 바꿨고, 방법을 바꾸자 오히려 싸울 일도 줄었다.

한 아줌마는 아버지의 외도로 가정이 위태로웠던 경험을 가지고 있다. 아버지는 한동안 집을 나갔고, 엄마는 한 번도 해보지 않

108

Chapter 2
아내, 며느리는 결혼한다고
거저 되는 것이 아니다

은 식당 일을 해야 했다. 이 아줌마는 어릴 적 엄마가 없는 빈 자리를 대신 메워야 했다. 그래서 어린 동생에게 밥을 해주고, 옷을 입히며 돌봤다. 1년이 좀 지나자 아버지는 아무 일 없다는 듯 돌아왔다. 그러면서 모든 것이 정상처럼 돌아왔다. 하지만 어린 딸에게는 큰 상처를 남겼다. 왜 엄마는 아버지를 아무 말 없이 받아 줬는지 이해가 되지 않았다. 어린 딸은 엄마가 능력이 없어 받아 준 거라 생각했다. 그 딸은 자라면서 여자가 능력이 있어야 아쉬운 소리, 행동을 안 하고 살 수 있다 생각했기에 열심히 공부했다. 그 후 성장해서 전문직을 가지게 되었고, 결혼하고 아이도 낳았다. 그런데 남편이 잠시 한 눈을 팔았다. 그 사실을 알고 바로 이혼을 했다. 나중에 이 아줌마는 그때의 일을 생각하면서 부모님의 결혼생활의 그림자가 그렇게 앞뒤 안 가리고 이혼하게 만든 것 같다고 했다. 물론 그 아줌마는 남편과 재혼(?)해 부모님의 그림자를 빼고 처음부터 다시 시작해 잘 살고 있다.

또 다른 아줌마는 시댁에 문제가 많다. 시댁은 복잡한 가정사를 가지고 있다. 남편은 새 어머니 밑에서 힘든 청소년기를 보냈다. 아버지를 미워하고 아버지처럼 살지 않겠다 하더니 남편은 외도를 하게 되었다. 이 아줌마는 시아버지처럼 남편이 돌아오지 않을 거라 확신했다. 생각을 달리 하면 누구나 겪는 일에 불과할 수도 있는데, 자기 시댁에서만큼은 극복할 수 없는 일이라고 단정 지어 버렸다. 남편 부모님의 결혼생활의 그림자가 가랑비를 폭우처럼 느끼게 한 것이다.

　당신은 어떤가? 부모님 결혼생활의 부정적인 그림자가 자신의 결혼생활에 오버랩되어 있진 않은가? 그림자 때문에 가랑비를 폭우처럼 느끼고 있진 않은가? 가정은 모두가 같이 그려야 하는 스케치북인데도 혼자만 전전긍긍하고 있지는 않은가? 결혼은 두 사람이 만나 새롭게 그리는 그림이다. 부모님처럼 살지 않겠다고 그 색만 빼고 다른 색으로만 덧칠한다고 행복해지지 않는다. 누구나 자기 방식대로 겪어 내야 한다. 그러니 결과도 부모님의 결혼생활과 같을 수 없다. 의외로 자신의 결혼생활에 드리워진 아킬레스건이 부모님의 결혼생활인 아줌마들이 있다. 남편의 외도로 남들보다 더 힘들어 하는 아줌마들을 보면 그런 그림자를 안고 사는 경우가 많다. 이제 부모님의 결혼생활과 나의 결혼생활을 분리할 시간이다. 그림자는 떼고, 이제 다시 시작하자.

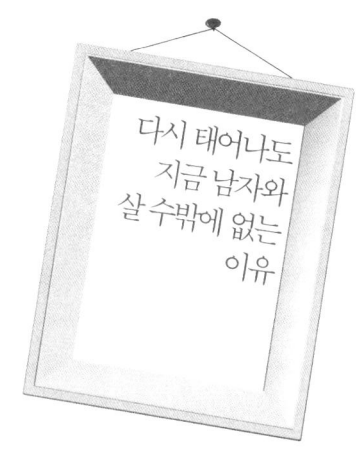

다시 태어나도
지금 남자와
살 수밖에 없는
이유

식성도 까다롭고 신경질적인 남편과 사는 한 아줌마가 있다. 이 아줌마는 남편과 아이 식성을 맞추느라 같은 요리를 두 번씩 한다. 처음에는 남편만 그랬는데, 이제는 아이들도 따라 한다. 예를 들면, 김치 볶음밥을 내놓을 때도 고기를 먹지 않는 남편을 위해 김치와 신선 야채만 넣고 만들고, 또 한 번은 아이들을 위해 고기나 햄을 넣고 만든다. 같은 요리를 두 번 하는 게 얼마나 짜증나는 일인지 아줌마로 사는 사람들은 짐작할 것이다. 아줌마는 어쩌다 한 번 가는 외식도 즐겁지 않다. 입맛 까다로운 남편 때문에 아줌마는 먹고 싶은 음식을 먹지 못하기 때문이다. 한 번은 냉면이 너무 먹고 싶기도 하고, 매번 자기 고집대로 하는 남편이 얄미워서 올갱이국을 먹으러 간다는 말을 듣고도 "난 냉면 먹고 싶어, 냉면 먹자"고 강하게 말했다. 그러자 남편은 "당신은 그거 먹고 와! 난 애들하고 올갱이국 먹고 올 테니깐" 하고 가 버렸단다. 아줌마는 바로 기가 죽어 아무 일 없었다는 듯 따라갔다. 아줌마는 '다시 태어나면 이 남자와 절대 안 살 거야! 나를 위해 주고, 아무거나 주는 대로 먹는 사람과 살 거야!'라고 되뇌었다.

그렇다면 이 부부가 연애 때는 어땠을까? 그때는 싫어하는 음식이라도 먹는 척해 주는 남자였다. 사실 그렇게까지 입맛 까다롭다는 것도 몰랐다. 그러나 결혼 후 직장을 그만두고 집사람이 되면서 남편의 요구를 하나 둘 들어주다 보니 지금에 이르렀다. 처음에는 아내의 배려에 감동하더니 점점 당연시하게 되고, 어느새 "당신 하루 종일 뭐했기에 밥상이 이 모양이야. 내 입맛 하나 못 맞춰!" 하는 남편이 되었다.

처음부터 이런저런 요구를 뿌리치고 "난 당신의 엄마가 아니야. 난 그렇게는 못 해"라고 했다면 지금의 상황은 달라졌을 것이다. 또 혼자서라도 냉면을 먹으러 갔다면 남편은 고집 센 마누라에게 화가 났겠지만 아내에게도 먹고 싶은 것이 있다는 것, 아내는 혼자서라도 먹으러 간다는 사실을 알았을 것이다. 이 과정 중에는 싸울 수도 있고, 남편이 결혼을 후회할 수도 있다. 하지만 사람은 어떤 동물보다 상황 적응이 빨라 곧 적응했을 것이다.

아줌마들은 "우리 남편은 안 변해요. 성질이 정말 안 좋거든요"라고 말한다. 그 좋지 않은 성질머리는 세월이 가도 변하지 않는다고 말하면서도 맞춰 준다. 그러기에 남편은 변할 이유를 찾지 못한다. 결혼 전에는 남편의 어머니가, 결혼 후에는 본인이 맞춰 주고 있기 때문에 변하지 않는 것이다.

"난 이 남자와 결혼한 걸 후회해. 다른 남자와 살았으면 행복했을 거야"라고 말하는 아줌마가 있다면 생각해 보길 바란다. 본인이 변하지 않으면 다른 사람과 결혼한다고 해도 생활은 변하지 않는다.

여자의 적은
여자다

A아줌마는 미치도록 시끄럽다. 단지 목소리가 커서가 아니라 말만 시작하면 다른 사람의 이야기를 하기 때문이다. "다른 아줌마가 옷을 어떻게 입었네. 그 집 아이가 어떻네. 그 집 남편은 가정적이지 못하네. 선생님이 누구만 예뻐하네" 등 끊임없이 다른 사람에 대한 이야기를 화제에 올린다. 별스럽지 않은 일들도 이 아줌마 입에만 오르내리면 참 별스러운 일이 된다.

아줌마들은 자기 입장에서 조금만 벗어나면 험담 꺼리다. 자기 입장에서만 생각하니 다른 사람들은 좀 모자라거나 넘친다. 모자라면 모자란다고, 넘치면 과하지 않느냐 험담이다. 남의 꼬리잡기 좋아하는 아줌마들의 무의식에는 "나는 그렇지 않은데"란 생각이 깔려 있다. 그렇기 때문에 분류하길 좋아하고, 자기 편, 남의 편을 만든다. 아이들을 학교에 보내 보면 꼭 이런 아줌마들이 한 명씩 있어 반 모임 분위기를 흐린다. 아무 일도 아닌 것에 사람 참 피곤하게 한다.

B아줌마는 입만 열면 남편과 시댁 흉이다. "내가 시댁에 김치를 담가다 드렸는데 뭐라 했는지 알아?"로 이야기 보따리를 풀기 시작해서 과거 시댁 식구들의 만행을 풀어낸다. 그럼 다들 들으면서 "정말 말도 안 돼. 자기 어떻게 그렇게 살아. 참 대단해. 나라면 절대 그렇게 못 살거야" 하고 맞장구친다. 그 아줌마의 이야기 패턴은 늘 같고, 그걸 듣는 사람의 반응도 비슷하다.

아줌마는 남편과 시댁에서 받지 못하는 인정을 모임에 와서 구한다. 억울하고 불평등한 관계 속에서도 자신이 얼마나 잘 참고 있는지 한 마디씩 해주길 바란다. 자신은 험담으로 스트레스를 풀겠지만, 같이 있는 사람들은 듣는 것만으로 스트레스 지수가 높아진다.

C아줌마는 주변 사람들을 만나면 늘 "오늘 무슨 일 있어? 얼굴빛이 안 좋은데", "살이 좀 찐 거 같아", "아파? 살이 빠졌네", "피부가 거칠어졌어" 등의 말을 하며 별일 없이 잘 지내는 사람을 흔든다. 이 아줌마는 남을 걱정하는 척하며 남들에게 쓸데없는 근심거리

도 만들게 한다. 이 아줌마를 자주 만나면 없던 병도 생길 것 같다.

A,B,C 유형의 아줌마는 어딜 가나 있다. 초등학교에 아이를 입학시켜 보면 알게 된다. 이 유형의 아줌마들은 남을 평가하기 좋아한다. 그러면 왜 남을 평가하기 좋아하는가!

자신감이 열등감에 자리를 뺏기면 남의 말하기를 좋아하게 되고 평가하게 된다. 그 이유는 남에게 주목받으며 할 수 있는 나의 이야기가 없기 때문이다. 그렇기 때문에 열등감을 감추기 위해 남의 단점을 찾는다. 한 번 맛들이면 좀처럼 빠져나올 수 없다. 그런 아줌마들은 남을 평가하느라 자기 시간을 얼마나 허비하고 있는지 알지 못한다. 또 평가하고 있는 것 같지만 사실은 뒤돌아서는 순간 자신이 평가받고 있다는 것을 모른다.

주변에 그런 아줌마가 있다면 만나지 않는 것이 좋다. 남의 험담은 귓속에 속속 들어오기 때문에 어느새 "정말?!" 하게 된다. 자신도 모르게 한 술 거드는 사이가 된다. 그러면 없던 불평도 생기고 나의 이야기보다 남의 이야기를 즐기게 된다.

자신감이 충만한 사람은 남을 평가하지 않는다. 자신에게 집중하기 때문이다. 남들이 모자라든 넘치든 다 그럴 만한 이유가 있을 거라 생각한다. 그러니 사사건건 말을 만들지도 않고 내가 다르듯 남도 다를 수 있다는 것을 인정한다.

1. 남의 험담을 들을 때 박수 치며 동조하지 말고 '그럴 만한 사정이 있겠지' 하고 한걸음 물러서자. 여자들끼리 모여 남 이야기를 자꾸 하니 남자들이 "여자의 적은 여자야"라는 말 같지도 않은 말을 하는 것이다. 남을 인정해 주지 않으면 나 또한 인정받기 어렵다.

2. 원래 자신이 얼마나 멋진 여자였는가를 떠올리자. 남의 험담이나 하면서 살기에는 너무 아까운 여자 아닌가! 남의 단점을 떠올리는 순간, 뇌는 그걸 당신의 모습으로 착각할지 모른다. 장점을 보려고 노력하자.

비밀스러운
즐거움이
부부애를
만든다

신혼 초에는 한 이불을 덮고 잔다는 것만으로도 행복하다. 그러
나 남편들은 내심 다양한 성관계를 즐기고 싶어 한다. 물론 그 사
실을 말로 꺼내는 남자보다 입 다무는 남자가 많다. 혹여 색한으로
오해받기 십상이기 때문이다. 또한 뭔가 화끈하게 하고 싶지만 통
나무처럼 누워 꼼짝을 하지 않으려는 아내를 일으키기는 쉽지 않
다. 남자는 여자보다 더 자극적인 시각 자료(드라마, 영화, 야동, 만화,

사진 등)를 보면서 성장한다. 결혼을 하면, 내 여자가 생기면 그걸 꼭 한번 해보고 싶어 한다.

하지만 그런 환상을 대다수의 아줌마들은 실현해 줄 생각이 없다. '정숙'이 머릿속 깊이 박혀 있기 때문이다. 뭔가 야한 것 같고, 비인간적(?)인 행위 같고, 길거리 여자들이나 하는 것 같아 좀처럼 움직여 줄 수가 없다. 몇 번 시도해 보기는 하지만 그때마다 마음이 불편하니 몸 또한 자연스럽지 않다. 뭔가 어설프고, 마음이 없으니 아무런 감흥도 없고, 시작부터 끝까지 이걸 해야 하나 생각하니 미친 짓 같다. 남편이 변태 같아 보인다. 그러면 남편들도 주춤하게 되고 더 이상 시도하지 않으려 한다.

인간은 성으로부터 즐거움을 얻을 수 있도록 유전 인자가 프로그램 되어 있다고 한다. 동물들은 발정기 때만 관계를 하지만 인간은 종족 번식을 위해서만이 아니라 유희로, 삶의 즐거움을 확대하기 위해 관계를 갖는다. 그럼에도 아줌마들은 이 특별한 유전자를 꺼내기를 꺼려한다. 제대로 된 성교육을 받지 않은 탓도 있고, '즐기는 성'보다는 '지키는 성'만을 강요하는 사회 분위기 속에서 자랐기 때문이기도 하다.

성관계는 모든 즐거움과 마찬가지로 변형되지 않으면 시간과 함께 지루해진다. 매우 행복한 경험에서 무의미한 의무 방어전이 된다. 아줌마는 지키는 성에서 벗어나 즐길 줄 알아야 한다. 나이가 들면 성에 대한 인식도 같이 성숙해져야 한다. 아줌마들은 이 부분에서 소녀 같은 순수한 성 이해에 머물려고 한다.

부부 관계를 건강하게 유지하기 위해서는 복합적인 즐거움을 만들어 가야 한다. 가정이라는 울타리가 주는 즐거움, 아이들이 주는 즐거움, 살림이 불어가는 즐거움 등에 꼭 덧붙여서 둘만이 느낄 수 있는 비밀스런 즐거움, 바로 기대감이 있어야 한다. 그래야 큰 시련이 찾아와 비바람이 치고 가지가 꺾여도 빨리 회복될 수 있다. 얽히고설킨 복합적인 즐거움이 건강한 뿌리로 자라 버텨 주기 때문이다

아줌마들과 이야기하다 보면 오누이같이 사는 부부가 왜 그리 많은가! 하고 놀란다. 각자 자녀를 끼고 자거나 남편 혼자 거실을 차지하고 리모컨을 아내 삼아 잔다.

아줌마는 우리 남편은 열이 많은데 난 추위를 많이 타서 혹은 그 반대의 이유로 한 침대를 쓰지 못한다고 변명한다. 또는 아이들이 같이 자고 싶어 해서 어쩔 수 없다 하거나 수유가 끝나지 않아, 아이가 밤에 울어서 등 수없이 많은 이유를 댄다. 이렇게 되면 부부는 점점 멀어진다. 여러 번 한 침대를 쓰려고 시도도 해봤지만 길어진 시간만큼 잠자리가 불편하다. 사소한 스킨십이 없는 부부들은 서로의 감정을 드러내는 데 서툴다. 오누이같이 사는 부부 중에도 스킨십 없이, 잠자리에 같이 들지 않고도 사이좋아 보이는 부부들이 있다. 그런데 그 안을 들여다보면 다른 사람들과 만날 때는 서로 이야기도 많이 하고 좋아 보이지만 다른 사람들이 빠지고 나면 둘 사이가 서먹하다. 그래서 가족, 다른 이웃들과의 술자리를 자주

만들어 현상 유지에 힘쓴다.

어떤 아줌마는 남편을 채워 주기에 바쁘다. 서로를 충족시키기 위해 애쓰는 것이 아니라 일방적으로 채워 주기에 바쁘다. 정작 본인은 느낄 사이가 없다. 이런 아줌마들은 남편이 바람이 날까 봐 정기적으로 부부 관계를 한다. "남자들은 배출하지 않으면 어딘가에서 꼭 배출하게 되어 있어"가 주 레퍼토리다. 이들은 남편이 바람날까 정기적으로 도장 찍고 늘 좌불안석이다. 얼추 도장 찍어야 할 날에 남편이 피곤하다 돌아누우면 걱정이고, 바쁘다고 허구한 날 늦고 연거푸 도장을 못 찍으면 여자가 생겼나 의심한다. 도장을 찍으면서도 남편의 만족도가 부족한 것 같으면 마음이 다른 곳에 있나 또 걱정이다. 이런 부부는 스킨십도 잦으나 남편이 아내를 충분히 알지 못한다.

여자는 성에 대해 무지할수록 순결(?)하다는 인식이 우리 사회에는 아직도 많다. 많다 보니 아줌마가 되어서도 여전히 모르고, 모르는 것이 당연하다. 오히려 탐구하고 알아가는 것이 부끄러운 일이라 생각한다. 하지만 아줌마는 합법적인 섹스를 누릴 수 있는 정부 인증(?)을 받은 몸이다. 즐길 줄 알아야 한다. 일찍이 제대로 된 성교육 없이 결혼해 부드럽고 아름다운 것이 성인 줄 알았는데, 고통스럽기만 하고 별다른 감흥 없는 성관계에 대한 거부감은 백분 이해하지만 둘 다 미숙했기 때문에 생긴 것이다. 아무리 많이 해본 남자도 제비가 아니고서는 여자를 부드럽게 만족시키는 방법을 모른다. 그저 싫다는 소리 없으면 좋은 줄 알고 아는 대로 하는 것이다. 당장은 아니더라도 서로 더 노력하면 만족시키는 방법을 터득하게 된다. 그러기 위해선 시도하고, 요구하며, 들어줘야 한다. 그래야 평생을 연인처럼 살게 된다.

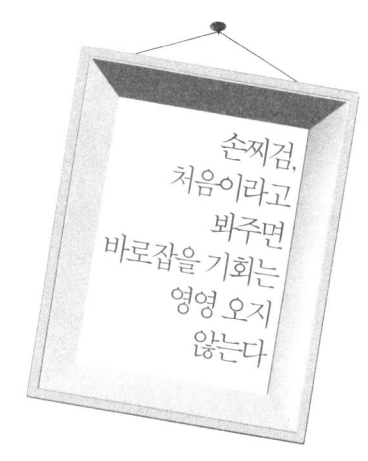

손찌검,
처음이라고
봐주면
바로잡을 기회는
영영 오지
않는다

"당신은 우리 엄마에게 그렇게밖에 못해?" "우리 집을 깔보는 거
야?" "처음부터 당신 집안사람들은 나를 좋아하지 않았어!" 결혼을
하고 보면 나와 너의 문제보단 시댁과 친정식구, 경제적인 이유로
싸운다. 두 사람의 문제로 싸울 때처럼 간단하지 않다. 싸움은 사사
건건 말꼬리를 잡으며 서로를 향해 비방과 인신공격을 가하는 것
도 모자라 더욱 격해져서 밀쳐 넘어뜨리거나 손찌검이 오가는 폭

력으로 번질 때가 있다. 정말 그래선 안 되지만 손찌검을 당했다는 아줌마들을 만날 때가 있다.

진짜 이야기는 이제부터다. 처음 남편이 손찌검을 했다면 어떻게 할 것인가?

첫 번째 선택. 맞서서 같이 뺨을 때리는 것으로 넘어갈 것인가? 두 번째 선택. 울며불며 "내게 어떻게 이럴 수 있어!" 하며 남편의 죄책감을 이용해 다신 그러지 않겠노라는 다짐을 받는 것으로 이 문제를 끝낼 것인가? 세 번째 선택. 더 이상은 못 살겠다 선언하고 집을 나갈 것인가? 네 번째 선택. 친정, 시댁 , 경찰서 등에 연락해서 당장 제3자의 도움을 청할 것인가?

첫 번째와 두 번째 선택을 한 아줌마들은 '남들이 잘 사는 줄 알고 있는데, 일부러 가정불화를 알려 봐야 좋을 게 없다'라고 생각한다. 일반 가정에서는 장녀들이 또는 연예인들이나 기타 사회적으로 알려진 사람들이 남의 시선이 두려워 이런 선택을 한다. 괜히 한 번 그런 걸로 남의 입에 오르내리고 싶지 않다. '긁어 부스럼 만드는 건 아닐까?', '다른 사람 보기 민망해지지 않을까?', '결국 나만 한 번 참으면 되는데' 하고 만다. 이들은 남의 시선을 의식해 자기 선에서 끝내고 만다. 책임감이 나의 불행을 함부로 알릴 수 없게 한다. 아는 아줌마 중에 장녀이고 반대하는 결혼을 한 사람이 있다. 그래서인지 꼭 잘 사는 모습을 보여 주고 싶어 했다. 그러다 매일 술에 취해 늦게 들어오는 남편 때문에 부부 싸움이 일어났다. 남편은 순간적으로 끓어오르는 화를 참지 못하고 아내의 뺨을 때렸다.

이 아줌마는 일단 동생들이 아는 것이 창피했고, 반대하는 결혼을 강행한 자신을 비난할 부모님이 떠올라 두 번째를 선택했다. 그러나 한 번의 실수인 줄 알았던 폭력이 두 번이 되고 세 번이 되었다. 설상가상으로 남편은 "편들어 줄 친정 식구도 없냐?", "넌 나보다 너희 식구들 아니 세상 사람들이 아는 게 더 무섭냐?" 하면서 더 크게 소리를 질러 댔다. 결국 남편은 그런 나쁜 행동을 해도 혼내줄 사람이 없다는 걸 안 순간부터 화가 나면 참지 못하고 폭력을 쓰는 몹쓸 사람이 되었다.

지금 그 부부는 이혼을 했다. 그 아줌마는 누구도 자신을 도와주지 않았다고 입버릇처럼 말했지만, 단 한 번도 솔직하게 자신의 이야기를 하지 않았다. 어려움에 처한 자신을 누구도 돕지 않았다고 호소하는 사람 중 일부는 이처럼 적극적으로 도움을 청하지 않고 불평하는 경우가 있다.

세 번째와 네 번째 선택을 한 경우는 다른 사람의 시선보다 내가 중요하다는 생각이 앞서는 아줌마다. 내가 억울하고 분해 당장 죽을 것 같은데 나중을 어떻게 생각할 수 있는가! 당장이라도 부모님께 알리고 이혼 도장을 찍어야 속이 시원하다. 반대하는 결혼을 했든 안 했든 부모님이 "거 봐라~ 내가 너 이럴 줄 알았어" 할지라도 "그때 말리지 그랬어. 왜 그냥 시집가게 놔 뒀어" 하고 오히려 큰 소리 치며 화낼 스타일이다.

결과적으로 세 번째와 네 번째의 선택이 옳다고 생각한다. 그 이유는 모두가 알았기 때문에 재범의 위험이 적다. 즉 다른 사람에게 알려져 여기저기 불려 다니며 욕 좀 먹으면 '아! 이 일이 엄청 나쁜 짓이구나' 하고 각성하게 된다. 또한 여러 사람 입에 오르내리면 한없이 수치스러움을 느낀다. 한순간의 잘못된 선택이 천하의 못난 놈, 못된 놈이 되기 때문이다.

얼마 전 잉꼬부부로 잘 알려진 연예인 S씨 부부의 폭행 사건을 보면서 'S씨는 자기 자신을 사랑하는 사람이구나'라고 생각했다. 일반 가정처럼 남편만 수치당하고 끝날 일이 아니고 그동안 잉꼬부부로 살던 자기 이미지에도 큰 상처를 입을 걸 누구보다 잘 알텐데 말이다. '강한 처벌을 원한다'는 S씨의 기사를 읽으며 많은 여성들이 그랬으면 좋겠다는 생각을 했다. 그동안 쌓아 왔던 자기 이미지와 주변의 시선이 아닌 내가 행복한 쪽을 선택했으면 한다.

자, 이제 결론이다. 앞에서 이미 말했듯 결혼은 둘만의 문제가 아니다. 거기다 아이까지 생기면 더 복잡하다. 내 감정에 따라 살고 안 살기가 쉽지 않다. 위의 예가 손찌검에 한정되었지만, 그보다 많은 일에도 해당된다. 외박, 외도, 각종 술집에서 쓴 생활비 맞먹는 카드대금, 게임에 미친 남편 등 뭔가 처음 시작되었을 때 확실한 처방이 필요하다.

처음일 때 '한 번이겠지' 하지 말고 반드시 도움을 청해라. 친정 부모, 친정식구, 친구, 때로는 경찰 등 도움을 청해야 한다. 처음을 놓치면 다음을 고치는 데는 두 배의 시간과 노력, 눈물을 감수해야 할지도 모른다. 혹시 처음을 놓쳤다면 지금이 처음이겠거니 하고 도움을 청해라.

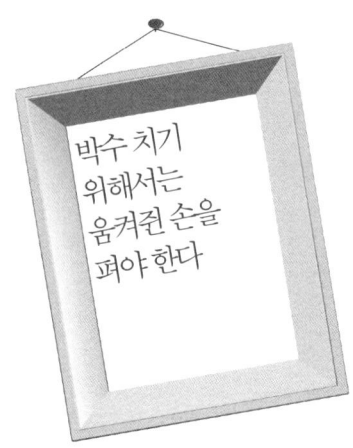

박수 치기
위해서는
움켜쥔 손을
펴야 한다

남자들은 결혼하고 나서도 여전히 누군가의 아들일 때처럼 자기 일을 하며 사는데, 여자들은 결혼과 동시에 다른 삶을 살아간다. 그래서 여자들은 걱정거리를 늘 마음에 달고 산다. 예를 들어, 남편이 회사에서 인정받지 못하는 것 같아 늘 마음이 어렵고, 시댁에서 갑자기 목돈을 요구해 오면 어쩌나 하는 생각에 걱정이 쌓인다. 또한 부모님이 아파 누워 계시는데, 우리가 모셔야 하나 하며 마음을 조인다. 더욱이 아이들 걱정은 더 많다. 아이들이 성장 발육이 늦은 것 같아 걱정이고, 공부를 못해서, 친구들과 어울리지 못하는 것 같아서, 너무 공부만 하는 것 같아서도 걱정이다. 한편 직장을 다니고 있으면 다른 엄마들처럼 못 해주는 것 같아 걱정이고, 전업주부면 정체된 삶이 걱정이다. 이처럼 결혼한 여자들에게는 끊임없이 자신과 이해관계가 얽힌 사람들이 걱정거리로 다가온다. 그러다 보니 고민거리가 한두 가지가 아니다.

그런데 문제는 걱정거리는 한꺼번에 몰려오고 두 가지 이상을 놓고 선택해야 한다는 데 있다. 그럴 때 아줌마는 머릿속이 복잡해지면서 '해답이 없어'만을 되뇌고 있게 된다. 두 주먹을 쥐고 '이것도 저것도 포기할 수 없다' 한다. 일단 한 손이라도 펴야 뭐든 해결할 수 있는 도구를 손에 넣을 수 있다는 것을 알면서도 쉽사리 펴지 못한다. 배가 고픈데 주먹 쥐고 손을 펴지 않으면 손가락이든 숟가락이든 도구를 이용할 수 없다. 두 주먹 쥔 채로 해결되지 않는 문제를 바라만 봐야 한다.

아는 분 중에 남편과 자주 싸우고 살면서도 항상 이혼을 고민하는 아줌마가 있다. 십 수 년을 살고도 말 그대로 성격 차이 때문에 싸운다. 남편은 사근사근한 아내를 원하고, 아줌마는 다정다감한 남편을 원한다. 하지만 현실은 정반대다. 아줌마는 퉁명스럽고, 남편은 화를 참지 못하고 소리 지르는 다혈질이다. 주변에서는 먼저 좀 더 부드럽게 말하고, 애교도 부려 보라고 조언하지만 성격상 그게 안 된다고 말한다.

이 아줌마는 한 손에는 '나는 생겨 먹은 게 그러니 변할 수 없다' 하고, 다른 한 손에는 '나의 태도와 상관없이 남편은 변해야 한다'를 쥐고 있다. 남편도 똑같은 생각을 하고 있다. 그러니 번번이 서로의 태도를 문제 삼으며 싸우게 된다.

다른 아줌마는 시댁 부모님이 자주 아프시다. '모셔야 하나?' 싶지만 모시면 힘들 것 같고, 그냥 모르는 척하자니 나중에 부모님이 돌아가시면 남편이 평생 원망할 것 같다. 한 손에는 아이들을 유치원과 학교에 보내고 '이제 찾아온 내 자유'와 다른 한 손에는 '며느리와 자식 된 도리'를 놓고 고민이다. 이래도 힘들 것 같고 저래도 힘들 것 같다.

또 다른 아줌마는 아이가 공부는 잘하지만 친구들과 어울리지 못한다고 걱정이다. 이 아줌마는 어딜 가도 혼자 구석에 앉아 책만 보는 아이가 사회성이 떨어지는 것 같아 고민이라고 털어놓는다. 그런데 주변에서 "다른 친구들과 어울릴 수 있게 축구 같은 야외 스포츠 활동에 보내라"고 하면 "아이가 싫어한다", "학원 때문에 시간이 없다"고 말한다. 한 손에는 '책보고 공부 잘하는 아이가 흐뭇하다' 하고, 다른 한 손에는 '야외 스포츠를 하려면 시간이 많이 뺏겨 학원을 빼야 하니 불가능하다' 한다.

해결되지 않을 것 같은 일을 자세히 들여다보면 두 손을 움켜 쥔 경우가 많다. 움켜 쥔 손을 펴지 않으니 해결의 도구를 잡을 수 없

다. 그러다 보니 반강제적으로 한 손을 펴야 하는 일이 발생한다. 그러기 전에 내려놓아야 한다면 자발적으로 내려놓고 손을 펴자. 한 손을 펴면 남편과 혹은 문제의 핵심인 누군가와 하이파이브 할 수 있다. 한 걸음 더 나아가 두 손을 펴면 나를 위해서든 남을 위해서든 박수 칠 수 있게 된다.

부부는
서로의
부모다

결혼과 더불어 부부는 각자의 부모에게서 독립된다. 그때부터는 서로가 서로의 부모가 되어주어야 한다. 서로 가르치고, 더 나은 사람이 되도록 도와 함께 성장해 가야 비로소 부부 나이를 한 살씩 먹는다.

그러나 대개 한쪽만 부모 노릇을 하고 다른 한쪽은 늘 살아왔던 대로 누군가의 자식처럼 살아간다. 아줌마들에게 흔히 듣게 되는

"그 사람 말도 하지 마세요. 우리 집 막내아들이에요" 하는 소리도 이 때문이다. 이들의 이야기를 듣다 보면 절로 화가 난다. 자기 사고 싶은 건 다 사고, 하고 싶은 건 한 마디 상의 없이 하는 이 남편들은 저질러 놓으면 아내나 부모가 해결해 줄 것이라 생각한다. 그 결과 어른이 되었지만, 여전히 자식으로 살아간다.

그렇다면 떼쓰고, 일단 저지르고 보는 이 철없는 아들 같은 남편을 누가 만들었을까? 우선은 시부모님 책임이라 치자. 시댁 부모님의 자녀 교육에 문제가 있었다. 그러면 본인의 눈부터 찔러라. 그런 철없는 남자를 믿음직하다 생각하고 선택했으니깐. 그 다음은 본인의 종아리를 때리자. 결혼을 하고도 남편의 성장을 돕지 않고, 철없이 살도록 내버려 뒀으니 책임을 면할 길이 없다.

그와 반대로 남편이 일방적으로 부모 노릇을 하며 사는 경우도 있다. 부모가 자식에게 하듯 아내에게 "저녁에는 나가지 마라, 일하지 마라, 아이들 학교에서 돌아오면 반드시 집에 있어라, 술 마시지 마라, 햄버거나 기타 인스턴트 음식은 먹지도 먹이지도 마라, 시댁에는 며칠에 한 번씩은 가 봐라" 등 제약을 두는 것이다. 알겠지만 이 말은 자녀에게나 하는 말이다. 모든 것은 본인 스스로 판단해 결정해야 할 일이다.

그런데도 "이렇게 하지 않으면 남편이 화내요. 이것만 지키면 참 좋은 사람인데… 그냥 싸우기 싫어서 맞춰 줘요" 하고 푸념만 늘어놓는다. 남편이 어른인 아내에게 늘어놓은 이 말도, 그걸 또 남편이 한 말이라고 가정을 시끄럽지 않게 하기 위해서는 꼭 지켜야 한다는 말도 이상하게 들린다. 동등한 성인으로 만나 결혼한 두 인격체가 나눌 대화는 아니다. 서로가 부부인 동시에 부모라는 사실을 잊은 듯하다.

한편 서로의 부모는 관두고 자녀들의 부모로만 살아가는 경우가 있다. 아이들은 교육시키면서 유독 서로의 교육비에는 인색하다. 아시는 분 중에 남편이 대학원을 가고 싶어 했다. 대학원에 가면 6개월에 한 번씩 6백만 원 이상의 등록금을 내야 하고, 1년이면 천만 원이 넘는다. 아내는 반대했다. 당장에 아이들 앞으로 들어가는 영어, 수학 학원비도 빠듯한데 쓸데없이 남편이 배우려 한다고 불평했다. 요즈음 학자금 융자 제도가 정말 잘 되어 있다. 이자도 싸고 오랜 기간에 걸쳐 원금을 나눠 내기 때문에 가계에 그리 큰 부담이 아니다. 결국 남편은 대학원 가기를 포기했다.

부부는 결혼과 더불어 자녀에게뿐만 아니라 서로에게 부모다. 남편 혹 아내가 배우겠다고 하면 쓸모를 따지기 전에 당장 가르쳐야 한다. 결혼 전까지 배운 지식으로 100세 시대를 살아가기엔 부족함이 많다. 당장 아이들 학원비와 교육비도 중요하지만, 서로의 성장을 도와 더 나은 미래를 꿈꿀 수 있게 해야 한다. 그러나 안타깝게도 대부분의 부부는 아이들 부모 노릇만 하다 늙어 죽는다.

지금 당신의 부부 나이는 몇 살인가? 살아온 날들과 일치하는가? 서로에게 아이 부모로 사는 것만 강요하면서 성장을 방해하고 있

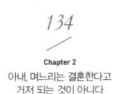

는 것은 아닌지 반성해 보라. 좋은 부부 관계는 서로 가르치고, 더 나은 사람이 되도록 돕는 데서 시작된다.

현대판
신데렐라,
시월드

드라마나 영화에서 현대판 신데렐라 이야기를 자주 접한다. 모진 구박을 이겨 내니 왕자가 나타나 왕관을 씌워 준다. 이런 수많은 이야기를 보고 자라서 그런지 아줌마가 되면 이상해진다. 재투성이 시절을 이겨 내면 누가 왕관을 준다고 한 것처럼 상식 없게 구는 시누이에게 말 한 마디 못하고, 매번 얼토당토 않는 시어머니의 요구에 질질 끌려 다닌다.

한 아줌마는 시어머니가 아무 때나 연락해 밥해 놓으라고 당연히 말한다고 한다. 또 일단 오면 며칠씩 자고 가기도 한다. 때에 따라서는 시어머니 친구 모임에서 가는 여행에 밥순이로 데려가기도 한다. 설상가상으로 시누이는 자기 어머니에게 서운하게 했다며 거친 말도 서슴지 않는다. 그런데 이상한 것은 늘 '오기만 해봐라. 이제 더 이상은 가만 있지 않을 거야' 하면서도 막상 시댁 식구들이 온다고 하면 맛있는 반찬을 하고, 하루 종일 종종 거린다.

이렇게 시댁 식구들 때문에 스트레스가 많은 아줌마들을 보면 대개 남편과의 사이도 좋지 않다. 남편은 방관자인 경우가 많다. 적극적으로 나서서 아내의 입장에 대해 변호하지 않는다. 오히려 "당신이 좀 참으면 되지? 당연히 자식이 하는 거 아니야?" 하고 되받아친다. 부부 싸움을 할 때면 아내 쪽에서는 "당신 그거 알아? 당신 부모님이 나에게 어떻게 한 줄 아냐고?" 하면서 시댁 식구들의 만행을 성토하고, 남편은 "누가 하라고 했어? 하기 싫으면 하지 마! 왜 하면서 늘 같은 소리야" 한다. 서로 대화가 되지 않는다. 남편 말대로 정말 하지 않으면 될 텐데, 아줌마는 절대 그러지 못한다.

왜 그럴까? 이 아줌마들은 무의식적으로 남편과의 불편한 사이를 좁힐 수 있는 길이 시댁과 잘 지내는 길이라 여긴다. 또한 무늬만 부부인 자신들의 관계를 계속 이어가야 할 명분도 그들이라 생각한다. 그래서 불만과 불평이 가득하지만 참으며 재투성이 역할을 계속한다. 아줌마는 남편이 마음속으로는 '우리 마누라에게 너무한

거 아니야. 우리 마누라 고생이네' 하고 자신을 불쌍히 봐 줄 거라 생각한다. 남편과의 불편한 관계를 착한 여자가 되어 만회해 보려 한다. 그러나 남편은 냉정하다. 아줌마는 그런 남편이 너무 밉다. 자신의 희생을 인정받고 또 사랑받고 싶지만 좌절될 때 미움은 커진다.

하지만 남편 입장에서 보면 그런 곰 같은 아내가 사랑스럽기보다는 미련해 보인다. 매번 불만을 토로하면서도 열심히 하는 아내의 뒷모습이 고집스러워 보여 오히려 징그럽다. 남편은 이미 자신과의 관계에서도 그런 태도를 취하는 아내가 짜증스러울 테니깐 말이다. 자기가 좋아서 과하게 한 것을 가지고 늘 생색내는(아내의 입장에선 남편이 알아주길 바라며 한 희생인데) 아내가 싫다. 그러니 늘 냉정한 태도를 보인다.

사랑받지 못하는 사람일수록 다른 사람의 얼토당토 않는 요구를 들어주는 경우가 많다. 사랑받지도 못하면서 뭐 하러 그렇게까지 하나 싶은데, 사랑에 굶주릴수록 착한 여자가 되려고 애쓴다. 사랑받고자 하는 욕구 때문에 참고 견딘다. 여자들은 착한 여자가 늘 보상을 받는다는 동화나 드라마를 너무 오랫동안 봐 왔다. 하지만 현실은 다르다. 단순히 착한 여자가 되어서는 억울하기 십상이다. 억울함을 호소했는데도 들어주지 않으면 미움은 더 커지고 부부 관계는 멀어진다.

모든 시작은 마음에도 없는 'YES'로 너무 많은 시간을 허비한 탓이다. 착한 여자가 되면 인정받을 것이라는 착각 속에서 너무 오랫동안 자신을 속인 탓이다. 이제라도 솔직해지자. 처음보다는 시간이 더 걸리겠지만 그래도 시작하자. 무조건 했던 'YES'가 상황에 맞는 'NO'와 'YES'로 당장 바뀌기는 쉽지 않겠지만, 결혼생활에서 내가 산 날보다 살아갈 날이 더 많이 남았다는 것을 명심하자.

시댁
스트레스로부터
가정을
지키는 법

어떤 아줌마는 시댁을 가면 수행하는 스님처럼 입을 다물고 앉아 간신히 "네" 소리만 하고 온다. 그리고 집으로 가는 차 안에서 "어머니는 어쩌면 그렇게 말하실 수가 있어? 꼭 그렇게 말하셔야 돼? 그건 무슨 뜻이야? 왜 자꾸 비교하시는데?"하면서 그 사이 생긴 불평과 불만, 비난을 쏟아 낸다. 그럼 이번에는 남편이 수행자처럼 침묵으로 일관하다가 결국은 그만 좀 하라고 언성을 높인다. 집으로 가는 길 내내 싸운다. 이런 일이 반복되다 보면 아내는 시댁에 가지 않겠다고 선언하고 남편도 화 김에 동의한다.

아줌마들 중에는 이런저런 이유로 시댁에 가지 않는 사람들이 있다. 명절이나 기념일과 같은 날에 남편과 아이들만 보내고 혼자 집에 남는다. 그러나 시댁 갈등은 피한다고 시간이 해결해 주지 않는다. 반드시 풀고 가야 하는 숙제다. 다음은 숙제를 해결하기 위한 방법이다.

1. 입 밖으로 내 감정을 드러내자

나 역시 침묵하다 보니 불만이 쌓여 집으로 가는 차 안에서 남편과 싸웠고, 싸우다 지쳐 시댁을 한동안 가지 않은 적도 있다. 그러다 내 아이들을 위해서라도 풀고 가야 한다고 생각했다. 아이들에게는 할머니, 할아버지인데 싫다고만 할 수 없는 노릇이다. 내가 변해야 한다는 생각이 들어 다시 왕래를 시작하면서 하고 싶은 모든 이야기를 하고 집에 오기로 마음먹었다. 시댁을 나오는 순간 '불만은 이제 그만 하자!' 하고는 다짐했다. 차를 타는 순간 억울한 감정이 들지 않도록 할 얘기는 그 자리에서 하고 오기로 한 것이다. 혼자 수없이 연습한 끝에 처음으로 "어머니, 그렇게 이야기하시면 서운해요"라고 말했다. 보통 때 같으면 "네~" 하고 말 것을 내가 느낀 기분을 적극적으로 말하기 시작한 것이다. 처음 그 말을 했을 때 어머니의 표정을 잊을 수 없다. 무척 황당해 하시는 얼굴이었다. 그리고 "뭐? 서운하다고" 하고 되물으셨다. "네, 전 딸도 아니고 며느리잖아요. 어머님이 그렇게 말씀하시면 풀 길이 없어요. 며칠 동안 그 한마디 말 때문에 끙끙거리며 속상해 한다고요"라고 당당히 말씀드렸다. 시어머니는 기가 막혀 하며 언성을 높이셨지만 어색해도 만날 때마다 내 감정을 솔직히 드러냈고, 싫은 이야기는 되받아쳤다. "네~"라고 말할 때보다 시끄러워졌지만, 집으로 오는 길에 억울한 감정이나 불만이 생기지 않으니 점점 시댁 가는 마음이 가벼워졌다.

어느 날 시어머니께서 전화를 하셨다. 불만이 뭔지 들어줄 것이니 해보라고 말씀하셨다. 내가 이야기를 시작한 지 얼마 지나지 않아 어머니의 언성은 높아졌다. "어머니, 그러니깐 대부분의 며느리들이 싫든 좋든 '네~ 네~'만 하는 거예요. 어머니도 제가 그러길 바라세요?"라고 했다. 그런 일이 여러 번 더 있고 나서 시어머니와 나의 관계는 오히려 더 좋아지기 시작했다. 침묵만 흘렀던 주방에서 음식을 하며 이야기를 나누기 시작했고, 농담도 했다. 내 감정을 솔직히 이야기하고 나서 여러 힘든 일도 있었지만, 피하고 꽁꽁 싸매고 있을 때보다 한결 나아졌다.

얼마 전에도 "냄비가 그게 뭐냐? 윤이 나야 한다"고 하시는데 그렇게 살고 싶지 않다고 말씀드렸다. 내 인생에서 냄비는 밥을 해 먹기 위한 도구에 지나지 않다. 그러니 청결하기만 하면 되지 윤까지 나야 한다고 생각하지 않는다. 그걸 닦느라 내 인생의 중요한 시간을 허비하고 싶지 않다. 그래서 솔직하게 말했다. "전 다른 걸 잘하고 싶어요. 냄비 닦느라 많은 시간을 낭비하고 싶지 않아요. 사람마다 하고 싶은 일이 있고 잘하는 것이 있잖아요. 잘하는 걸 더 열심히 할래요."

시어머니와 시댁 식구들 앞에서 내 감정에 솔직해 본 적이 있는가! 부부싸움을 할 때 남편이 "알았어, 그래"라고만 하면 화가 난다. 남편이 알았다고만 하면 큰 싸움은 없으나 둘의 사이는 늘 불만이다. 차라리 큰 소리를 내고 싸우는 부부는 서로의 감정에 대해 알게된다. 시어머니와 며느리의 관계도 이와 같다. 늘 "네~"라고만 하면 서로를 알 길이 없다. 그저 평행선을 유지해 나가는 수밖에 그 이상의 진전은 있을 수 없다.

여기서 "꼭 가까워져야 할 필요가 있나요?" 하는 아줌마들이 있을 것이다. 답은 'YES'다. 그 이유는 나 역시 자식을 키우고 있는 부모이기 때문이다. 아이들은 학습을 통해 배우는 것보다 생활 속에서 배우는 것이 많다. 좋은 부모와 자식 관계를 만들고자 한다면 나의 부모, 남편의 부모와의 관계부터 잘 정비해 가야 한다. '게가 자신은 옆으로 걸으면서 자식한테는 앞으로 똑바로 걸으라'고 강요하는 꼴이 되지 않으려면.

2. 무조건 잘한다고 될 일이 아니다

가까워지기 위해서는 싸우고 토라지고, 또 화내고 화해하는 시간이 필요하다. 남편이야 '연애'라는 조정 기간이라도 거치지만, 시댁 식구들은 그렇지 않다. 서로를 맞춰 가는 노력이 필요하다. 그저 시간이 흐른다고 해결될 일이 아니다. 싸우기 싫어 착한 며느리인 척하면서 무조건 잘한다고 될 일이 아니다.

무조건 잘하는 것은 직행 버스를 타려는 것과 같다. 이렇게 하면 '내 마음을 알아주겠지?' 하며 한 번에 '화목'이라는 정거장에 가려 한다. 싸움 정거장, 의견 조정 정거장, 화해 정거장 등 모든 정거장을 빼고 질러 가려는 것과 같은 것이다. 쉬지 않고 운행되는 노선에는 문제가 따르기 마련이다.

'내가 이렇게까지 하는데'라고 바보 같은 소리를 하면서 직행버스를 몰지 않길 바란다. 편안히 앉아 있는 승객들은 운전사의 불편과 불만을 알지 못한다. 내가 편한데 뭘 더 알아야겠는가! 사람들은 뭔가 불편해져야 주위를 둘러보고, 마음을 이해해 보려 한다.

아줌마들 중에 무조건 잘하려다 지쳐 "더 이상은 시댁에 안 가요" 하는 분들이 있다. '마음의 용량'이라는 것이 한정되어 있어, 쌓이면 터지기 마련이다. 그동안의 불만들이 나사 풀린 것처럼 튀어나온다. 신혼 초, 하지 않았던 시댁과의 갈등을 시작한다. 이때는 신혼 초와 달리 쌓아 둔 감정 탓에 쉬 진화되지 않는다. 싸움도 화해도 멋모를 때 하는 게 낫다.

종교 갈등은
단호박이
답이다

시댁과의 종교 갈등으로 고민하는 아줌마가 많다. 종교가 같다면
더 없이 좋겠지만 그렇지 않기 때문에 문제가 생긴다. 나 역시 시어
머니와 종교 갈등이 있었다. 시어머니는 며느리도 신실하길 원하는
기독교인이었고, 나는 그렇게 열심이지 않은 천주교 신자였다. 그
런데 시어머니는 천주교를 우상 숭배를 하는 이단쯤으로 알고 계
셔서 만날 때마다 '교회에 나가라'고 귀가 따갑도록 말씀하셨다. 같

은 하느님을 믿는다는 말에 콧방귀도 뀌지 않고 무교보다 못한, 더 구원해야 할 형제자매로 보셨다. 기분 좋게 같이 있다가도 어떤 때는 종교 때문에 감정이 상해 헤어졌다.

자식(남편)에게는 심하게 강요하지 않으면서 며느리인 나에게는 지나친 요구를 한다. 시어머니들은 본인도 알다시피 자식은 어쩌지 못하면서 며느리는 쥐고 흔들려 한다. 그 이유는 아들보다 며느리가 쥐고 흔들기 쉽다는, 며느리가 서열상 자기보다 아래라는 잘못된 생각이 바닥에 있기 때문이다. 며느리 하나쯤은 자기 마음대로 할 수 있어야 한다는 말도 안 되는 심리를 바닥에 깔고, 옛날이나 가능했을 '순종'이라는 관계 정리도를 머릿속에 그리고 있다.

종교는 사람마다 살아온 경험이나 필요, 가치관 등이 오랜 시간 축척되어 선택한 것이기 때문에 시부모님이 자기 입맛대로 당장 바꾸라 해서 바꿀 수 있는 것이 아니다. 또 바꿔서도 안 된다. 며느리가 되어 제일 어이없는 일이 종교를 바꾸라는 주문인 것 같다. 누구든 자기 종교 사랑이 지나쳐 타인을 괴롭히는 결과를 만들지 말아야 한다.

정 바꾸길 원한다면 강요하지 말고 씨 뿌리는 농부의 심정으로 정성을 들여야 한다. 씨앗은 강요한다고 자라지 않는다. 시간과 정성을 들여 땅을 감동시켜야 한다.

해법은 단 하나다. 단호하게 말씀드리는 거다. "네~ 가야지요!" 하고 마음에도 없는 소리를 했다가는 만날 때마다 시달리게 된다.

"지난주는 갔는지, 이번 주는 어땠는지" 끝없이 숙제를 검사받아야 하는 아이처럼 말이다. 그러니 단호하게 "그렇게 강요하시니깐 더 가기 싫어요. 그만 하세요!" 하고 딱 잘라 말해야 한다. 'NO'라고 말하기는 어렵지만 그게 오히려 서로 힘을 빼지 않는 지름길이다. 착한 며느리인 척하면서 뒤돌아서서 "자기야, 당신 어머니 너무하지 않아? 종교 선택의 자유는 헌법이 보장하고 있어!" 하며 침 튀기지 말고 어머니에게 직접 말해야 한다. 인생은 '척하며' 살기에는 너무 짧다. 아줌마가 되어 '나'라고 할 것이 얼마 없는데, 종교마저 다른 사람의 인생을 대신 살아줄 필요가 있는가!

*특정 종교를 비난하기 위한 글이 아니라 선택의 자유에 대해 이야기하려 한 것이니 혹 불편한 아줌마가 있다 해도 이해해 주기 바란다.

1. 단순함이 묘약이다

남편을 멘토로 삼아라. 대부분의 남편들은 주변의 친한 사람들과의 관계에 게으르다. 게으른 까닭은 밖에서 만나는 많은 관계에 지쳤기 때문이다. 그래서 단순하게 생각한다.

예를 들면, 시어머니가 아프시다는 소리를 듣고 전화 통화를 했는데 "됐다. 오지 마라" 하신다. 그러면 아내는 고민에 휩싸인다. "오라는 거야? 말라는 거야?" 그

리고 고민 끝에 가방을 싼다. 괜히 안 갔다가 나중에 한소리 듣느니 가 보는 게

낫다고 생각한다. 가는 동안 "어머니는 그냥 오라고 할 것이지" 하면서 불평을 한

다. 남편을 생각해 보라. 만약 "장모님, 아프신데 가 봐야 하는 거 아니에요?" 하

고 전화를 한다 치자. 그런데 "됐다. 바쁜데 오지 말아라"고 하셨다. 그러면 거의

대부분의 남편들은 오지 말라 했으니깐 가지 않는다. 아주 단순하게 생각한다. 매

번 그럴 수는 없다 해도 남편들처럼 단순하게 생각할 필요가 있다.

2. 생각의 쉼표, 걷고 또 걸어 보기

관계 속에서 만난 일들이 복잡해 고민이라면 운동화 끈을 질끈 묶고 모자를 눌

러 쓴 다음 하염없이 걸어 보자. 방에 앉아서 '이걸 어쩌지?' 하는 것보다 움직이

는 게 생각 전환에 도움이 된다. 한참 걷다 보면 힘들다는 것밖에는 다른 생각이

들지 않는다. 등줄기에 땀이 고여 흘러내릴 때 쯤 고민은 한 층 가벼워진다. 방

안에 앉아 고민만 할 때와 다르게 문제가 선명하게 보인다. "걸었는데 아직도 복

잡한데요?" 한다면 걸음이 모자란 것이다. 머릿속에 복잡한 생각이 사라질 때까

지 숨이 턱턱 차도록 계속 걸어 보자. 나 역시 머리가 복잡해지면 걷고 또 걷는다.

3. 행복은 생각에서 출발한다

결혼생활에는 여러 이유로 고비가 오기 마련이다. 시댁과의 갈등으로 이도저도

보기 싫고 너무 힘들다면 아르바이트를 한다고 생각해라. 세상에 내 아이들 키우

면서 내 집에서 눈치 보지 않고 먹고 싶은 거 먹으면서 하는 아르바이트가 어디

있겠는가? 시댁 가는 일도 아르바이트라 생각하자. 아르바이트를 한다고 생각

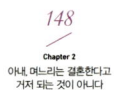

하면 훨씬 마음이 편하다. 또 시간이 되면 퇴근해라. 집에서 집으로의 퇴근이겠지만 퇴근 후에는 잊자. 일이 있어도 과감히 손을 떼고 내일로 미루자. 아르바이트생의 기본은 월급 주는 사람의 속사정을 다 알 필요가 없다. 내가 이 집의 안주인일 때는 버겁던 관계가 아르바이트생으로 있으면 가볍게 느껴진다. 생각의 전환이 가져다주는 행복이다. 한번 해보라! '나는 아르바이트생이다' 하고 지속적으로 생각하고 행동해라. 그러다 보면 다시 안주인으로 돌아가도 편한 순간이 온다.

자식 일에는 열 내지도 말고
열 올리지도 마라

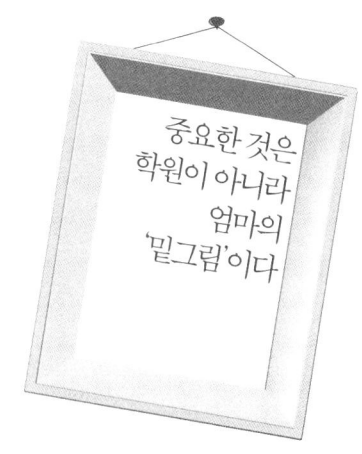

중요한 것은
학원이 아니라
엄마의
'밑그림'이다

나는 아이들을 초등학교에 보낼 때 나만의 교육 철학 밑그림을 그렸다. 초등학교를 다니는 동안 꼭 가져야 할 것은 자신이 얼마나 괜찮은 사람인가를 깨닫고, 자신감을 가지는 것이 가장 중요하다고 생각했다. 그래서 나는 학습보다는 놀이를 택했고 다른 사람들과는 달리 조금은 느린 계획을 세웠다. 스스로 괜찮은 사람이라는 생각을 하려면 다른 친구들과 만나 놀기도 하고, 거기서 의견 대립도 겪으면서 성장해야 한다. 그래야 자신감이 생긴다. 자신감은 인생 전반에 영향을 미치며, 살아가면서 힘들 때마다 일어서는 힘이 된다. 그러기 위해서는 잘 놀 시간이 필요하다. 논다는 것에는 친구들과 더불어 뛰논다는 의미도 있지만 혼자 심심해서 뒹굴 시간도 포함된다. '심심해서 뒹굴 시간?' 하겠지만 아이들에게도 그런 시간이 필요하다. 심심해야 뭔가 만들고, 생각하게 된다. 더 재미있게 놀기 위해 연구하고, 마음에 맞는 친구를 찾고자 애쓰며, 좋은 선택을 하기 위해 신중해지기도 한다. 이 과정에서 자기만의 추억을 만들 수 있다. 요즘 아이들은 추억의 일기장을 가지지 못한다. 매일같이 집과 학교, 학원, 깜깜해지면 집이다 보니 추억을 쌓을 시간이 없다. 고학년만 되어도 대형 버스를 타고 학원을 오간다. 주변에서 보면 이런 살인적인 학원 스케줄을 가진 아이들의 집일수록 캠핑을 자주 간다. 어쩌면 우리나라의 '캠핑 붐'은 놀 시간이 없는 아이들을 위해 어른들이 대신 만들어 준 추억의 일기장인지도 모른다.

학습보다 놀이를 택했다 해서 공부를 하지 않는 것은 아니다. '난 참 괜찮은 사람이야' 하고 아무리 생각하려 해도 공부를 너무 못하면 친구들이 비웃으니 그 정도는 면해야 한다고 생각한다. 중학교 이상 올라가면 공부를 못하는 것이 크게 비웃음거리가 되지 않는데 초등학교 때는 좀 다르다. 그래서 아이에게 그렇게 되려면 몇 점을 맞으면 되겠냐고 물어봤더니 정한 기준이 80점이다. 그 정도면 창피하지 않다고 했다.

내 아이는 다른 아이들처럼 학원을 다니느라 바쁘지 않다. 그렇다고 학원을 다니지 않는 것은 아니지만 비교적 시간이 많다. 그래서 다른 친구들이 학원에 가는 그 빈 시간을 공략해 놀 수 있다. 하루에도 시간대별로 다른 친구를 만나 놀 계획을 짠다. 저학년 때는 주로 엄마와 놀기 때문에 좀 힘들지만, 고학년에 올라가면 스스로 전화도 하고 약속도 잡으며 논다. 하지만 꼭 지켜야 할 것이 있다. 학교 끝나자마자 집으로 와서 약속 전에 허락을 받을 것, 그리고 나가서 놀되 들어오는 시간은 정확하게 지킬 것, 이동할 때 어디로 가는지 알릴 것 등이다. 학교에서 자기가 정한 점수를 못 받아와도 넘어가지만 약속이나 생활 태도에 문제가 생기면 봐 주지 않는다.

최근 둘째 아이는 친구들과 아지트를 만들었다. 각자 아지트에 쓰지 않는 장난감과 책 그리고 물병도 챙겨 놓았다. 또 거리에서 주운 쓸 만한 물건으로 장식도 했다. 하루에 한 번씩은 아지트를 가니 혹시 위험한 곳은 아닐까 걱정이 되어 아빠나 형에게는 비밀로 할 테니 장소를 가 보자고 했다. 혹시나 너무 외진 곳이라 도움 받을 일이 있을 때 아무도 없으면 어쩌나 걱정되었다. 아이와 가 본 곳은 집에서 가까운 건물과 건물 사이에 위치한 경사진 틈이었다. 앞뒤로 트여 있고 일어서면 다 보이는 곳이라 안심해도 되는 곳이었다. 약속대로 안을 들어가 보지는 않았지만 돌아오는 길에 흐뭇했다. 얼마 전 폭우가 내렸는데, 아이는 자다가 벌떡 일어나 안절부절 못했다. 왜 그러냐고 물었더니 지붕 없는 아지트에 책들이며 물건들이 쓸려 갈까 걱정이라고 했다. 그 밤에 다녀오면 안 되겠냐고 발을 동동 구르기도 했다. 지금 가도 소용없으니 내일 가라고 말하고는 다시 잠자리로 보냈다. 아침 일찍부터 아지트 주인 네 명은 함께 모여서 바쁘게 대청소를 했다.

첫째 아이는 중학교에 들어갔다. 공부 기준은 초등학교 때보다 훨씬 하향 조정되었지만 재미있게 학교생활을 하고 있다. 둘째 아이는 이제 초등학교 고학년에 올라가 자기 계획표를 가지고 아지트도 지으며 잘 논다. 내 밑그림대로 자신이 괜찮은 사람이라는 자신감을 가지면서 말이다.

많은 엄마들은 공식적인 첫 사회생활인 초등학교 입학 때 아이를 위한 큰 밑그림을 그리지 않는 것 같다. '밑그림'이라는 것이 고작 시험에서 몇 점을 맞아야 한다거나 영어를 어느 수준까지 해야 한다거나 특기 교육을 시킨다는 것쯤이다. 남을 앞질러 가는 것에만 혈안이 되어 정작 남과 더불어 어떻게 살아야 하는지는 신경 쓰지 않는다. 또 아이의 내면에는 무엇을 채워 주고 싶은지 생각해 보지 않는다. 그러니 엄마는 다그치게 되고 아이는 지쳐 간다.

인생을 마라톤에 비유하는 것은 코스가 길어서만은 아니다. 끊임없이 달리는 동안 육체도 지치지만 정신도 수없이 많은 고비를 넘겨야 하는데, 그것이 인생처럼 쉽지 않기 때문이다. 요즘 말로 멘탈이 붕괴되지 않아야 완주할 수 있다. 그러기 위해서는 자신에 대한 믿음과 자신감, 그리고 많은 추억이 필요하다. 이제 막 아이들은 긴 마라톤을 시작했다. 엄마가 해줄 것은 길고 긴 싸움을 하기 위해 내적인 어려움을 이겨 낼 수 있는 힘을 키워 주는 일이다.

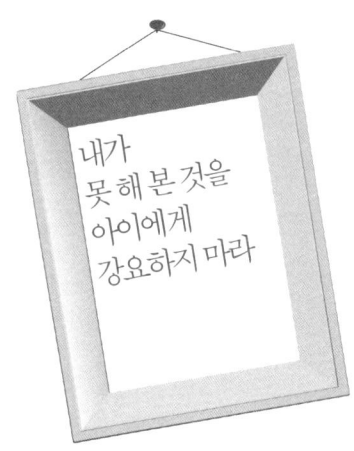

내가
못 해 본 것을
아이에게
강요하지 마라

우리나라 교육열은 거의 세계 수준이다. 대한민국은 '빨리 빨리'를 외치는 나라다 보니 교육도 일찍 시작해 남들보다 빨리 올라서기를 바란다. 남보다 하나라도 더 배워야 성공한다고 믿는다. 그러다 보니 극단적으로 말하면 아빠는 학원비를 벌러 나가고, 엄마는 아이들 학원 가방을 챙겨 주느라 정신이 없다. 하루에도 몇 개의 학원을 소화하느라 바쁜 아이들 탓에 학교와 학원 앞으로 분주히 움직인다.

아줌마들이 모인 자리에는 아이의 학습 고민, 학원 이야기 등이 빠지지 않는다. 학원이나 그룹 과외 위주로 아줌마 모임도 이루어진다. 같은 그룹에 있어야 시간이 맞아 모여 차라도 마실 수 있다. 만약 나만 보내지 않는다면, 그 모임에 끼는 것이 엄마도 아이도 쉽지 않다. 그러면 아이에게 못할 짓을 하는 것 같고, 엄마 스스로 '내 아이만 뒤쳐지는 건 아닐까?' 하고 불안하기까지 하다.

특히 일곱 살에서 초등학교 저학년의 아이를 둔 엄마가 대한민국에서 제일 바쁜 것 같다. 고학년으로 올라가기 전에 학습은 기본이고 음악, 미술, 태권도, 수영, 바둑, 논술 등의 예체능 과목을 끝내야 한다고 생각하기 때문이다. 그래서 엄마가 아이들에게 주로 하게 되는 얘기는 이렇다.

"차 시간 늦었어. 얼른 가야지. 오늘 ○○수업 있는 거 잊어버리면 안 돼. 이거 끝나고 바로 가야 돼. 선생님께 엄마가 태우러 간다고 전해 드려!"

"어땠어? 오늘 뭐 배웠어? 진도는 나갔어? 재미있었어? 새로운 선생님은 어때?"

아이들의 대답은 하나같이 "네", "좋았어요!", "아니요!", "됐어요!"다.

남편에게 목매던 시절은 가고, 아이에게 목매는 시절이 온 것이다. 초등학교부터는 엄마들이 '교육'이라는 공통의 관심사로 모이기 시작한다. 엄마들에게 좀 더 천천히 기다려 주라고 말해 보지만 쉽지 않다. "아이가 원해서요, 그걸 배우고 싶어 해서 보내요." "친구들이 다니잖아요. 그렇지 않으면 놀 친구가 없는 걸요." "저는 그걸 배운 적이 없어 이렇게 살지만 아이들만은 그렇지 않았으면 좋겠어요!" "아이가 학원에 가는 걸 좋아해요!" 이처럼 다양한 이유를 들면서 학원을 보낸다.

저학년 아이들은 학원 다니는 걸 좋아하기도 한다. 이 시기 아이들은 학원의 개수를 훈장처럼 생각하기 때문이다. 훈장의 개수가 부모의 관심과 사랑이라고 착각하기도 하고, 친구들 사이에서 부자처럼 여겨지기도 하고, 아빠처럼 바쁜 하루를 보내는 자신을 어른스럽게 느끼기도 한다. 지친 기색이 역력해 학원 하나를 정리할까 싶어 얘기하면 "엄마, 나 그거 하고 싶어. 하고 싶은데 왜 그걸 그만두라고 해?" 하는 아이도 있다. 정작 본인이 좋다는데 당장 끊을 부모가 어디 있겠는가? 허리띠를 졸라매서라도 보낸다.

하지만 생각해 봐라. 아이들의 진짜 마음이 뭘까? 자랑하고 싶고, 관심 받고 싶은 욕구일 뿐이다. 그걸 채우는 방법으로 학원을 선택한 것이다. 정작 학업에 대한 지적 욕구는 없다. 그러기에는 아직 너무 어리다. "우리 아이는 달라요. 아주 재미있어 하고, 언제 가냐며 매일 묻고 진지해요!"라고 말하는 엄마도 있다. 이런 엄마의 병명은 '남다르다병'이다. 아무리 주변에서 "금방 지칠 걸, 너무 힘들지 않아? 고학년 되면 말짱 도루묵이야!"라고 해도 자기 아이만은 절대 그럴 리 없다 믿으며 남들과 다르다 말한다.

아이들이 학원의 개수를 훈장처럼 여길 때, 다른 아줌마들이 고학년을 가기 전 꼭 해야 하는 필수 과정을 나열할 때일수록 엄마는 나침반 역할을 해야 한다. 아이는 아직 자기 인생의 나침반을 볼 줄 모른다. 그렇기 때문에 엄마의 나침반을 보여 주며 방향을 가르쳐 줘야 한다. 아이가 좋다고 하니 휘둘리고, 주변에서 필수 과정이라고 하니 밤늦게까지 학원을 돌리다 보면 나침반은 방향을 잃고 돌다 침이 빠져 버릴 수도 있다. 그래서 초등학교 고학년만 되도 아이들은 학원이라면 진절머리를 친다.

제발이지 아이들 학원에 목을 매는 일을 그만두길 바란다. 엄마는 가난한데 아이들은 부자인 경우를 종종 본다. 돈이 없어도 아이들에게만큼은 남들처럼 다 해주고 싶은 것이 부모 마음이겠지만 그것 말고는 다른 이유가 없는가? 돈이 없어 쩔쩔 매면서도 학원비를 줄이지 못하는 이유를 생각해 보자.

내가 아는 아줌마들 중에 장난감을 엄청 사들이는 분이 계시다. 이 아줌마는 아이가 가지고 싶어 해 산다고 하지만, 과거 사랑받지 못한 자신에 대한 보상으로 물건을 산다. 정작 그 집 아이는 선물을 받고도 매번 시큰둥하다. 어렵지 않게 저절로 주어지는 것에는 감동이 없다. 그럼에도 이 엄마는 경제적 마이너스를 감수하면서 사들인다. 어린 시절, 장난감 선물을 받은 기억이 없는 이 엄마는 자신에게 선물을 하고 있는 것이다. 그래서 아이보다 먼저 장난감에 반응하고, "저거 어때? 사고 싶니?" 하고 묻는다.

학원도 마찬가지가 아닐까? 어린 시절, 학원을 많이 다녀 본 엄마들은 아이를 학원에 보내지 않는다. 이같이 해봤던 엄마는 학원에 다니는 괴로움을 잘 안다. 그리고 무엇보다 자기가 원해서 다니지 않는 것은 소용이 없고, 몇 개나 되는 학원을 하루에 다 소화한다는 것은 큰 무리가 있다는 것을 잘 알기에 연연하지 않는다. 반면 남들 다니는 학원을 가고 싶었는데 가지 못했거나 지방이라 제대로 된 학원을 구경해 보지 못했던 엄마들이 학원에 열을 올린다.

무언가 열을 올릴 때 생각해 보길 바란다. '내가 왜 이것에 이렇게 열중할까?' 내가 가져보지 못한 열등감, 혹은 가지고 싶던 욕망이 무의식으로 남아 남편과 아이에게 퍼붓고 있는 건 아닌가! "그게 뭐가 나빠요?" 하겠지만 내 욕망을 다른 사람에게 투사하면 억압이 생긴다. "나는 이렇게 아껴서 널 위해 이렇게 하는데, 넌 어쩌면 그럴 수 있니?" 하고 자주 화내게 되고, 기대가 큰 만큼 필요 이상으로 실망하게 된다. 그러면 그 결과는 어떻게 될까?

아이들은 고학년이 되어가면서 학원의 바쁜 스케줄에 반항심이 생기기 시작한다. 저학년 때 느끼던 훈장 개념도 사라지고, 친구들도 더 이상 부러운 눈으로 바라보지 않는다. 서서히 우열이 가려지면서 비교 대상이 된다. 늘 빨리 달려야 한다고 해 그렇게 했는데 뒤처지는 느낌은 지울 수 없다. 집에서 무리하면서 뒷받침해 준 비싼 영어, 수학 과외에도 불구하고 우등생이 아니다. 뭐든 잘 해야 재미있는 법인데 남들보다 뒤처지는 순간 흥미를 잃게 되고 힘들어진다. 여태껏 학원만 다닌 것 같아 분노만 쌓인다. 분노를 어떻게 터뜨려야 하는지 배우지 못한 아이들은 게임의 세계로 빠진다. 게임의 세계는 분노를 터뜨리기 좋은 장소처럼 보이지만 실제로는 분노를 더 극대화시킨다. 싸우고 총질하며 뺏는 게임을 통해 스트레스를 푼다고 말하는 아이들이 많지만 실제로 분노 조절 능력을 잃어버리게 된다.

예전과 같지 않은 성적과 돈을 들인 결과물에 만족하지 못하는 엄마와 아이는 사사건건 부딪힌다. 자녀에 대한 사랑과 애정이 아이들에게는 간섭처럼 느껴진다. 엄마가 너무 강한 경우, 아이는 자신의 인생에서 튕겨 나가 버린다. 자신의 인생을 포기한 것처럼 그만 쓰러진다. 주인 없는 인생에 객만이 남는 꼴이다. 다른 경우는 '이건 내 인생이야' 하면서 거칠게 엄마를 밀쳐내 버린다.

그렇다면 엄마가 학원에 목매지 않기 위해서는 어떻게 해야 할까?

엄마에게도 인생이 있어야 한다. 남편과 자식의 인생을 대신 살아 주려고 해서는 안 된다. "아이들과 남편이 원해요. 제가 집에서 챙겨 주는 걸 좋아해요. 저도 그게 좋고요. 그리고 딱히 다른 일도 없어요. 아이들이 학교와 학원에 가면, 집 치우고 간식 만들며, 아줌마들과 잠시 모여 차 마시고, 또 아이들 오면 간식 먹이고 학원 보내고, 그럼 저녁이 되고, 달리 할 줄 아는 것도 없고" 한다. 지금 당장은 아이들과 남편이 원할 수 있다. 하지만 엄마는 곧 집안일밖에 할 줄 모르는 답답한 사람으로 취급당하게 된다. 그들이 절실히 원하더라도 거리를 두고 내 인생을 챙겨야 한다.

그래야 숲이 보인다. 다 아는 이야기지만 숲 안에서는 전체 그림이 보이지 않는다. 일부만 보일 뿐이다. 자석처럼 밀착되어 있으면 엄마도 아이도 방향을 잃게 된다. 숲을 보려면 감정으로 교감을 나눌 때는 나누지만 벗어날 줄도 알아야 한다.

아무리 많은 배움의 자극을 준다고 해도, 아이가 가장 많은 시간을 통해 보고 배우는 사람은 엄마다. 세상에서 가장 창의적인 직업이 엄마다. 심리학, 로맨스, 종교, 도덕, 경제, 사회 등 단 하나가 아닌 모든 것을 버무려야 가능한 직업이다. 같이 뒹굴며 세상 사는 이치를 가르쳐야 한다. 나의 인생, 너의 인생, 우리 가족의 인생을 설계하고 나침반 역할을 해야 한다. 그럼에도 여전히 좋은 학원만 정해 주는 역할에 한정되어 내 길도 네 길도 아닌 길에서 헤매고 있을 것인가! 아이들은 엄마를 보고 자란다.

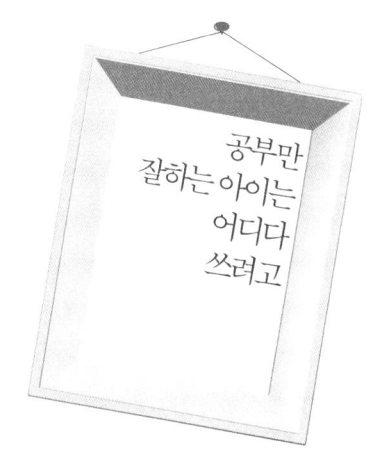

공부만
잘하는 아이는
어디다
쓰려고

모임에서 한 아줌마가 이렇게 말했다.

"작년부터 명절이 없어졌어요. 명절 전후에 아이들이 꼭 시험을 봐서, 고향에 내려가지 않아요. 작년에도 못 갔고, 올해도 힘들 것 같아요."

그런데 이상했다. '아무리 봐도 나보다 한참 어릴 것 같은데 결혼을 일찍 했나? 벌써 아이가 고등학생인가? 그건 아닌 것 같고 그

렇다면 중학생인가?'

그래서 물었다.

"아이가 몇 학년이에요?"

"초등학교 3학년이요."

순간 말문이 막혔다.

초등학교 때는 배우는 과정도 간단하고 쉬워 엄마가 조금만 신경을 써 주면 시험 성적이 대부분 좋다. 그리고 말도 잘 들어 공부하라면 앉아서 몇 시간이고 한다. 그러니 한 반에 95, 100점이 수두룩하다. 그런데도 아줌마들은 자기 아이가 특별히 공부를 잘한다는 착각 속에 빠져 산다. 그래서 명절도 건너뛰고, 할머니와 할아버지 생신도 건너뛴다. 조금만 더 신경 써 주면 엄마, 아빠는 가지 못한 서울대학교는 너끈히 갈 것 같다. 이런 집에서는 아이들이 각종 대소사에 빠지는 것뿐만 아니라 집안일도 가르치지 않는다. 아이가 뭐 좀 도우려 하면 "공부나 해. 이건 엄마가 할게!" 한다. 아이는 그냥 주는 밥이나 잘 먹고, 공부만 열심히 하면 된다. 그러나 공부에 대한 환상과 착각은 배움의 난이도가 높아지는 중학교 때부터 서서히 깨진다. 물론 여전히 잘하는 아이도 있겠지만 대부분은 그렇지 않다. 그래서 중학교에 들어가면 부모님과 성적으로 갈등하는 아이들이 많아진다. 성적뿐이 아니다. 그 정도 컸으면 집안일도 도와주고 해야 하는데 전혀 하지 않는다.

엄마가 컸으니 도와달라고 해도 "내가 왜요? 그건 엄마의 일이잖아요" 한다. 공부 좀 한다고 집안일은 시키지도 않고 "엄마가 할게!"를 반복했으니 당연한 일인데도 서운해 한다. 그런 아이 대부분은 집에서 말 수도 적고 차갑게 군다. 가정 안에서 역할을 갖고 집안일도 도우면서 이런저런 집안 규율을 배웠어야 하는데, 그 잘난 공부 함정에 빠져 일찍이 제외시켰기 때문이다.

우리 집은 아이들이 자라면서 해야 할 집안일 단계가 있다. 예를 들면, 키가 자라 음식물 쓰레기통 뚜껑을 열 수 있게 되면 당연히 들고 나가 버려야 한다. 아이가 어릴 때 지나가다가도 그 옆에 세워 놓고 "뚜껑 열 수 있니? 해보자!" 하고 그랬다. 그럼 아이는 까치발을 들어올리고서라도 해보려 했다. 번번이 키가 모자라 "아직 안 되겠다. 형아가 되어야 할 수 있겠네!" 하고 돌아섰다. 그러던 어느 날 놀러 나간 아이가 급하게 들어와 "엄마, 음식물 쓰레기 주세요. 손이 닿아요" 했다. 쓰레기를 주면서 "정말? 벌써 형아가 된 거야? 와, 축하해!" 하고 칭찬해 주었다. 다른 집에서는 더럽다고 시키지 않는 일이지만, 우리 집에서는 '형'이 된 상징이다. 요즘 아줌마들은 아이들에게 좀처럼 형이 될 기회를 주지 않는다.

단지 공부만 잘하는 아이를 만들어 어디다 쓰려는지 모르겠다. 엄마를 도울 줄도 모르고, 할아버지, 할머니 생신도 챙길 줄 모르며, 명절도 잊고 공부만 하는 아이의 미래 모습을 상상해 본 적이 있는가? 혹시 이러진 않을까?

엄마가 너무 아파서 전화를 걸어 와 달라고 한다. 자식은 "엄마, 아프면 병원 가세요. 그게 제일 빨라요!" 하고 만다.

회사에서 너무 잘나가 평소에는 얼굴도 볼 수 없다. 엄마는 이제 나 저제나 하면서 기다린다. 드디어 며칠 후 명절이다. 그런데 자식은 전화로 "엄마, 이번 명절에도 못 가요. 그동안 쉴 시간이 없었어요. 긴 연휴라 이번 기회에 여행 좀 다녀오려고요."

명절에도 오지 않았으니 생일에는 오겠지 하고 기다리는데 자식은 "엄마, 생일 축하해요. 출장 왔어요. 다음에는 꼭 갈게요. 사실 제 생일 챙길 시간도 없이 살아요!" 하지는 않을까!

아이가 성공하면 금은보화라도 안겨 줄 거라 생각하지만 현실은 그렇지 않다. 어린 시절 배운 게 있어야 흉내라도 내는데 아이 중심으로 '공부! 공부!' 하다 보니 사람 도리를 배우지 못했다. 아이는 공부만 잘한다고 성장하지 않는다. 모든 것에는 단계가 있다. 수학에서 덧셈을 배워야 뺄셈을 할 수 있고, 곱셈을 배워야 나눗셈을 할 수 있듯 건강한 어른으로 자라기 위해서는 단계를 밟아 가야 한다. 집안일도 시키면서 사소하지만 역할을 주고 책임지게 해야 한다. 가정의 대소사도 챙기면서 가족 구성원으로서의 역할을 배워 가야 한다. 그래야 진짜 어른으로 성장할 수 있다.

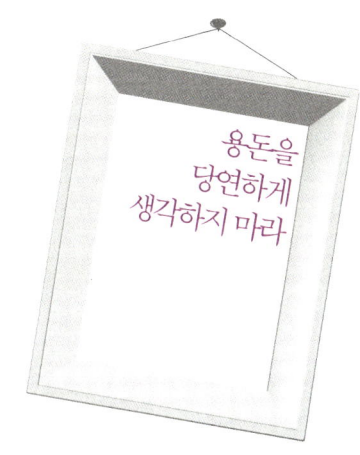

용돈을
당연하게
생각하지 마라

아줌마들이 앉아 이야기를 하다 보면 용돈 이야기가 많이 나온다. 일주일 혹은 한 달 단위로 정기적으로 주는 집이 있고, 필요할 때마다 주는 집도 있다. 나는 때마다 조금씩 바뀌는데 지금은 한 달에 한 번 주고 있다. 한 달간 할 일을 해야 용돈을 준다.

　1. 말하지 않아도 재활용 쓰레기와 음식물 쓰레기 버리기
　2. 토요일은 설거지 1회

3. 강아지들과 하루 40분 이상 놀아 주기

4. 첫째는 10시, 둘째는 9시 이후 핸드폰 자동 반납

아이들 책상 앞에는 공부에 대한 목표나 시험 범위가 아닌 위 네 가지가 적힌 프린트 용지가 붙어 있다. 용돈을 받기 위해서는 해야 할 일이다. 그리고 한 달간 열심히 일을 했으면 그에 따른 보상을 준다. 비단 이것은 용돈을 주기 위해서만이 아니라 가족 역할 분담을 가르치기 위해 하고 있다.

가족 모임을 통해 갑자기 생각지도 않은 용돈이 너무 많이 생길 때가 있다. 그럴 때는 액수만큼 용돈 주는 날을 연장하고 쓸데없는 지출을 하지 않게 한다. 그럼에도 둘째는 갑자기 불어난 용돈을 어떻게 해야 할지 몰라 문방구를 기웃거리거나 슈퍼를 들락거린다. 그럴 때면 '엄마 슈퍼'를 연다. 집에 아이스크림이나 과자를 사서 두고 시중보다 싸게 판다. 원래는 그냥 먹을 수 있는 거였지만 용돈이 많아지면 이렇게 한다. 예를 들어, 시중에서 500원이면 400원에 판다. 그러면 아이들은 몇 번을 따져보고는 집에서 사서 먹고, 가지고 나간다. 때에 따라서는 1+1 행사도 하고, 1,000원에 3개 행사도 연다. 여름 같은 경우에는 베란다에 튜브 수영장을 만들어 주고 컵라면 쿠폰도 발행한다. 아이들은 컵라면과 아이스크림을 돈 주고 사먹으며 재미있게 놀이를 즐긴다.

또 아이들이 꼭 사고 싶었던 것을 사 줄 때는 결제는 내가 하지만 영수증은 넘겨 준다. 그리고 금액을 살펴보고 가지고 있으라 한다.

"그게 다 네 빚이야. 나중에 갚아!" 하고 장난처럼 준다. 아이들은 영수증을 받아 들고 금액을 다시 살펴보고는 미안해 하며 피식 웃는다.

이 밖에도 우리 집은 1년에 한두 번, 집이 아닌 밖으로 나가 용돈을 버는 날도 있다. 바로 벼룩시장이다. 특히 어린이날에는 꼭 하고 있다. 소파 방정환 선생님이 어린이날을 만들었을 때는 아이들이 어른처럼 일을 하며 가정도 돌봤다. 그래서 이 날만이라도 아이답게 놀고 쉬라고 만들었다. 그런데 요즘 아이들은 매일이 어린이날이다. 주마다 놀러 가는 집부터 한 달에 한 번씩은 캠핑을 가는 등 아이들을 위한 행사가 끊이질 않는다. 갖고 싶은 것도 때마다 사준다. 그런데 왜 어린이날까지 등 떠밀려가며 동물원과 놀이동산에 가야 하는지 모르겠다.

그래서 아이들과 오랜 이야기 끝에 어린이날은 뚝섬에서 열리는 어린이 벼룩시장에 가기로 했다. 평소 쓰지 않던 장난감과 작아진 옷, 다 읽은 책 등을 가지고 가서 아이들이 팔았다. 처음 갔을 때는 늘 사기만 해본 아이들이라 판다는 것에 쑥스러움을 느껴 멍하니 앉아 딴청만 하고 있었다. 그러다 몇 개가 팔리자 좀 더 적극적인 장사꾼이 됐다. 이제는 내가 옆에 있지 않아도 알아서 흥정하며 물건을 판다. 오히려 엄마가 옆에 있으면 잘 팔리지 않는다며 놀다 오라고 한다. 이 행사는 경제 개념을 배울 뿐만 아니라 자기 물건도 소중히 다루는 계기가 되고, 자기가 필요한 장난감도 사며, 돈을 벌어 아픈 아이들을 위한 기부도 하게 되니 매우 유익하다. 또 운전해서 데려다 주고 같이 있어 준 부모님을 위해 밥도 산다. 그리고 나머지 돈은 많지는 않지만 알아서 용돈을 한다. 이렇게 집안 밖에서 경제 개념을 가르치고 있다.

얼마 전 가까이 사는 한 엄마가 걱정을 털어놓았다. 아이가 돈에 대해 너무 쉽게 생각하는 것 같다는 것이다. 용돈을 주면 주는 대로 금방 다 쓰고 손을 내민다. 워킹맘이라 아이가 돈이 없으면 낮에 사먹고 싶은 게 있어도 못 사먹으니 계속 돈을 줬다고 한다. 하지만 점점 손을 내미는 기간이 짧아졌다. 그래서 용돈은 정해진 만큼만 주고 대신 근처 분식집과 얘기해 아이가 원할 때 음식을 주도록 부탁했다. 돈은 한 달 단위로 후에 엄마가 계산하는 것으로 말이다. 그랬더니 이번에는 친구들을 데려가서 먹어 한 달 후 정산 금액이 장난이 아니었다. 엄마 딴에는 돈이 많이 나와 그렇지 혼자 먹는 것보다 낫지 않으냐 싶었는데 분식점에 가서 들으니 조금 먹다 만채 그냥 가기도 하고, 매번 다른 친구들을 데리고 와서 마음껏 사먹인다고 했다.

나는 이 이야기를 듣고 아이에게 정해진 돈 안에서 사먹게 해야 한다고 강조했다. 용돈을 다 썼다고 매번 돈을 주는 것도, 후불제 결제도 문제다. 마치 신용카드가 처음 생겼을 때, 너도 나도 가지게 되어 신용불량자가 대거 생긴 것처럼, 돈이 눈에 보이지 않게 왔다 갔다 하면 얼마를 쓰는지 신경 쓰지 않게 된다. 용돈 안에서 사먹고, 다 쓰면 배도 고파 봐야 한다. 남들 먹을 때 못 먹어 봐야 '다음

달에는 어떻게 써야겠구나!' 하는 규모도 정하게 된다. 경험으로 경제 개념을 배운다. 이 엄마처럼 하면 당장은 아이가 배고프지 않아 좋을 수도 있지만 경제관념이 없어진다. 자기가 가진 돈 안에서 소비하는 습관은 어른이 되기 전에 꼭 가르쳐야 할 일이다.

'나를 낳았으니 손 벌릴 때마다 당연히 줘야 하는 돈'이 되지 않으려면 의미를 담아야 한다. 의미 없이 주는 돈은 의미 없이 쓰이고 사라진다. 경제 개념은 집에서부터 가르쳐야 한다. 집은 가장 기본적인 단위로 사회를 배우는 첫 단추다. 저축하는 습관을 들인다고 은행만 드나들게 하지 말고, 자기 손에 주어진 돈을 잘 쓰게 하는 것, 돈을 벌기 위해 소소한 집안일이라도 하게 하는 습관을 들이는 것도 중요하다.

경제 개념을
가르쳐야
효자가 된다

아이가 여섯 살 때 내 생일이라고 선물을 내밀었다. 자기 딴에는
꽤 큰일을 한 듯 의기양양해 했다. 열어 보니 문구점에서 사 온 핀
이었다. 나는 평소 핀을 하지 않을 뿐더러 문구점에서 사 온 핀은
같은 또래 여자 친구들이 해야 맞는 취향이었다. 그래서 아이에게
선물은 고맙지만 도저히 하지 않을 것 같으니 돈으로 바꿔 오자고
했다. 쓰지도 않을 것을 선물이라고 가지고 있을 이유가 없었다.

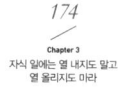

아이는 놀란 표정으로 "왜요?" 하며 어리둥절해 했다.

그래서 문구점에 가면서 "예를 들어볼게. 엄마가 네 생일날 고무신을 선물로 줬어. 그리고 '선물 고맙지?' 하면서 유치원에 신고 다녀오라고 했어. 그럼 어때?" 했다.

그러자 아이는 "고무신을 신고 어떻게 유치원에 가요" 하고 대답했다.

"그것 봐. 엄마도 마찬가지야. 생일 선물이니 하고 다녀야겠지만 이건 네 또래의 친구들이 하고 다니는 핀이야! 그런데 엄마가 어떻게 하고 다니겠니? 엄마가 네 생일날 고무신 사 주지 않고 멋진 운동화를 사 주는 건 왜일 것 같아? 선물은 선물답게 하는 거야. 쓸 수 있게 말이야. 엄마는 어른이니 어른이 쓸 수 있는 선물을 해줘야지. 그리고 엄마는 매번 네 생일 선물로 몇만 원씩 하는 선물을 사 주는데 너는 왜 나에게 몇천 원짜리를 사 주지?"라고 이야기했다.

아이가 무슨 돈이 있겠느냐 하겠지만 친인척들에게 받는 각종 용돈이 있다. 대부분의 엄마들은 목돈을 만들어 준다고 아이에게는 의미 없는 저축을 시킨다. 아이가 조금 크면 하나같이 "왜, 내 돈을 엄마 마음대로 저축해요, 내 돈 내놓으라고요" 하고 불만인데도 "다 너를 위해 그러는 거야" 한다. 내 아이의 주변 친구들은 몇백만 원의 저축을 가지고 있으나 그 돈을 본 적도, 만져 본 적도 없다. '그림의 떡'이다.

나는 아이들에게 명절에 받은 용돈을 저축하라 하지 않는다. 그 용돈을 가지고 있다가 써야 하는 날에 쓰게 한다. 아이들은 스스로 돈의 쓰임을 정한다. 엄마 아빠 생일 선물, 어버이날 선물 등 말이다. 뿐만 아니라 엄마가 밥하기 싫은 날 자기가 쏠 테니 나가서 외식하자고도 하고, 치킨 먹는 날에는 같이 돈을 모아 사먹기도 한다. 아이들은 돈을 내면서 어른이 된 듯한 느낌을 받기도 하고, 자기 지갑에서 몇만 원에서 몇십만 원을 꺼내 부모님 선물을 사면서 스스로 흐뭇해하고 주변 사람들에게 칭찬받아 기분 좋아하기도 한다.

늘 받기만 하는 아이들은 늘 달라고만 하지 주는 법을 모른다. 주변 아줌마들 중에 아이들에게 선물다운 생일 선물을 받아 본 사람들이 드물다. 거의 쓰지도 못할 잡다한 것이거나 생색만 낸 것들이 대부분이다. 또 어떤 집 아이들은 "생일 축하해요!"란 말과 뽀뽀 한 번으로 선물을 대신하려 한다. 또 다른 집 아이들은 "생신 정말 축하드려요. 말 잘 듣고 부모님 은혜 잊지 않을게요"와 같이 편지 한 장으로 선물을 드렸다고 생각한다. 그러면서 아이는 자기 생일에는 몇만 원에서 몇십만 원짜리 선물을 당연한 것처럼 요구하고, 부모는 그걸 사 준다. 뭔가 잘못돼도 한참 잘못된 것 같다.

선물도 해봐야 할 줄 안다. 자기 생일에는 가지고 싶은 목록을 만들면서 부모 생일에는 입으로 대신해도 되는 줄 알다 보면 그런 어른으로 자란다. 명절이면 아이 돈 뺏어다 생활비로 쓰는 부모도 문제지만 저축 습관을 들이겠다느니, 목돈 만들어 나중에 학자금으로 쓴다느니 하면서 은행에 갔다 넣는 부모도 문제다. 목돈이 들어

왔을 때 부모님을 위해 돈을 쓰는 연습을 가르치지 못하면 언제 시킬 수 있을까! 얼마 안 되는 용돈을 모아 선물하라고 하니 자잘하고 궁색한 선물을 하게 된다. "아이들이 어려서 그렇지 크면 해주겠지요!" 하고 막연하게 생각하지 말자. 늘 받기만 한 자식은 되돌려 주는 법을 배우지 않아 모른다. '이렇게 정성껏 키웠으니 알겠지' 하는 생각도 버려야 한다.

부모에게 돈을 써 보지 않은 아이들이 자라서 자기 월급으로 뭔가 해준다면 다행이지만 연습 없이는 쉽지 않을 것이다. 부모에게 돈 쓰는 법을 자녀에게 가르치자. 무엇이든 잘하기 위해서는 연습이 필요하다. 갑자기 어른이 된다고 잘할 수 없다. 지금 못하는 아이가 나중에 잘할 리 만무하다. 부모가 아이에게 하듯, 아이도 부모에게 쓰는 법을 가르치자. 그렇지 않으면 늘 달라고만 하는 아이 같은 어른으로 큰다.

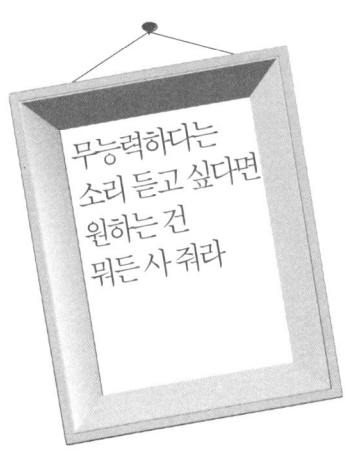

무능력하다는
소리 듣고 싶다면
원하는 건
뭐든 사 줘라

"참새가 방앗간을 그냥 지나칠 수 있나?" 하면서 한 엄마가 아이의 손을 잡고 문구점으로 들어왔다. 네 살 정도 되어 보이는 아이는 목에 거는 비눗방울을 골랐다. 처음에는 안 된다 했다. 집에 두 개나 있는데 또 사야 하냐고, 다른 것으로 사라 했지만 아이는 막무가내였다. 아이가 울고 떼를 쓰자 호주머니에서 천 원을 꺼내며 "그래! 이번만이야" 한다. 그리고 나가면서 "오죽하면 문구점을 피해 길 건너로 다니겠어요. 오며 가며 이렇게 산 오백 원, 천 원짜리 물건이 집에 엄청 많아요!"라고 했다.

집으로 돌아오는 길에 둘째 아이가 이런다. "엄마, 따끔하게 혼내 줘야 하는 거 아니에요? 저렇게 사는 건 나쁜 버릇인데." 맞다. 참 나쁜 버릇이다. 이 엄마는 아이가 떼를 쓰면 "이번이 마지막이야!" 하면서 매번 사 줬을 것이다. 아이는 울고 떼를 쓰면 엄마가 사 준 다는 것을 이미 알고 있다.

그만한 아이일 때 원하는 것은 문구점에서 파는 오백 원, 천 원짜 리 정도다. 언제든 가벼운 마음으로 주머니의 동전을 꺼내 사 줄 수 있다. 그러나 '세 살 버릇 여든까지 간다'고 습관이 된다는 게 문제 다. 아이는 부모를 원하는 걸 당연히 사 주는 존재로 인식하게 된다.

또 어떤 아줌마는 아이와 함께 친구 집에 놀러갔다. 친구 집에는 새로운 장난감이 있었고, 그것을 본 아이는 그 장난감을 가지고 싶 어 했다. 만약 그 장난감이 오만 원 정도라 치자. 아이가 친구 장난 감을 뺏어 들고 집에 가져갈 거라고 하면서 울고불고 싸운다. 그러 면 아줌마들은 아이를 말리며 "이거 친구거야. 착하지. 그거 친구 주고, 우리도 사러 가자" 하고 달랜다. 집으로 가는 길, 마트에 들려 오만 원짜리 장난감을 덥석 손에 쥐어 준다.

원래는 "그건 친구거야. 친구 집에 놀러왔을 때 같이 가지고 노는 거야. 친구는 우리 집에 왔을 때 네 장난감 가지고 놀잖아. 서로 없 는 장난감을 가지고 놀려고 친구 집에 온 거야!" 하고 말해 줘야 한다. 사 달라고 울고불고 난리를 쳐도 눈 하나 깜짝하지 말고 당장 사 줄 수 없음을 차근차근 이야기해 주어야 한다. 당장 마트로 달려가 사 준 장난감을 얼마나 가지고 놀 것 같은가? 길어야 일주일이다.

얼마 전 아이가 에스보드를 갖고 싶어 했다. 다른 친구들에게 몇 번 얻어 타고는 본격적으로 타고 싶어 안달이 났다. 원래 둘째 아이 는 작년부터 보드를 타고 싶어 했지만, 키가 150센티미터 되기 전 에는 사 줄 수 없다고 했다. 초등학교 3학년이 타기에는 조금 무리 가 있어 보이기도 했고, 부지런히 먹고 커야 사 준다 한 것이 벌써 1년이 되었다. 키는 아직 모자라지만 이쯤에서 사 줘야겠다는 생 각이 들었다. 알아보니 가격대가 13-15만 원으로 자전거 한 대 값 이었다. 그래서 중고를 알아보기 시작했다. 물론 아이에게는 말하 지 않았다. 대신 강아지 산책, 밥 잘 먹기, 하루에 우유 몇 컵 이상 먹기, 심부름을 열심히 하면 엄마가 행복할 것 같다고 말했다. 아이 는 열심히 놀러 나가는 것도 그만두고 강아지 산책부터 엄마의 주 문을 하나하나 하기 시작했다. 드디어 중고로 나온 보드 중 가격이 나 상태 모두 마음에 드는 것을 찾았고, 아이에게 말했다. 아이는 신이 나서 당장이라도 날아갈 듯했다. 아이와 나는 밤 8시, 지하철 을 몇 번이나 갈아타고 멀리 중고 가게까지 갔다. 그리고 기다리던 에스보드를 사게 되었다. 남편은 차를 타고 가는 게 어떠냐고 했지 만 아이에게 사러 가는 과정도 경험하게 하고, 이런저런 이야기도 해주고 싶었다. 엄마가 바로 사 주지 않고, 왜 중고로 사 주는지 그 이유를 이야기해 주었다. 에스보드 중고를 알아보니 대부분은 얼마 타지 않고 나온 것들이었다. 우리나라 보도블록이 보드를 타기에 적합하지 않은 탓이다. 타는 데 지장 없으면 지구 환경을 위해서라도 중고를 사서 쓰는 게 맞다. 중고 가게까지의 거리는 생각보다 상당히 멀었다. 아이는 그 밤에 보드를 받아 들고 헤벌쭉 벌어진 입을 다물지 못했다. 집으로 돌아오니 11시가 넘었다. 평소라면 꿈나라로 갔을 시간이지만 아이는 함께 사 온 에스보드를 닦아 놓고 자고 싶어 했다. 이제 자야 할 시간이니 어서 침대로 가라 했더니 눕자마자 잠이 들었다. 아이는 돌아오는 길에 4.5킬로그램이나 나가는 보드를 한 번도 나에게 맡기지 않고 혼자 들고 왔다. 아침에 일어나 보니 보드를 말끔하게 닦아 놓고 이름까지 적어 놓았다. 어렵게 얻은 것은 소중하게 다루기 마련이다.

그런데도 엄마들은 아이에게 남이 가지고 있는 것이면 무엇이든 사 준다. 에스보드처럼 10만 원 넘는 것들도 척척 사 준다. 주변을 보면 우리 아이처럼 남의 이름을 지우고 자기 이름을 적어 넣는 수고를 하는 아이들이 드물다. 문구점에서 오백 원, 천 원짜리 물건을 사 주듯, 마트에서 오만 원짜리 장난감도 쉽게 사 준다.

아이가 이렇게 성장하면 뭘 사 달라고 할까? 오토바이, 차, 집, 사업체 등 수없이 많은 것을 요구하지 않을까? 너무 과한 상상이라는 생각이 드나? 그렇지 않다. 처음에는 오백 원, 천 원이지만 늘 원하는 것을 주는 부모 밑에서 자란 아이들은 당연하게 손을 내민다.

최근 언론에서 자식에게 모든 것을 주고, 자기는 상속 빈곤층으로 전락한 노인들의 이야기가 부각되고 있다. 이 이야기는 시사점이 많다. 우리나라는 경제협력개발기구OECD 회원국 가운데 노인 빈곤층이 가장 높은 나라다. 그래서인지 해마다 자식을 상대로 부양료 청구 소송도 배로 증가하고 있다. "못 해준다고 하면 되잖아요?" 하는 아줌마도 있을 거다. 부모가 자식들에게 들어줄 수 없는 수준이라 거절하면 "다른 부모들은 다 해주는데 못 해준다고요?" 하며 부모에게 무능력하다고, 남들 벌 때 뭐했냐고 탓하지는 않을까!

　빌딩 정도 가지고 있어 아이가 원하는 것을 늙어 죽을 때까지 해줄 자신이 있으면 뭐든 사 줘라. 하지만 그렇지 않다면 원하는 것을 다 사 줄 수 없음을 어릴 때부터 문구점 앞에서 가르쳐라.

게임 중독은
대부분
엄마가 만든다

오랫동안 아이들에게 글쓰기를 가르쳐 왔다. 첫 수업 시간에 아이들을 보면 게임을 많이 하는지 안 하는지 쉽게 알 수 있다. 토론을 하지 않아도 말하는 자세와 태도를 보면 쉽게 짐작할 수 있다. 게임을 많이 하는 아이들은 주어진 시간에 집중하지 못하고 충동을 참지 못한다. 게임 중독인 아이들 중 많은 수가 적절하지 않은 학습 보상에서 시작됐다.

다음은 내가 경험한 유형들이다.

첫 번째, 어떤 엄마들은 자기 아이가 유치원생인데도 불구하고 학습에 도움이 되라고 컴퓨터를 켜 준다. 아이들은 컴퓨터를 통해 학습을 게임하듯 하게 된다. 이 방법은 효과는 빠르다. 다른 아이들보다 학습 능력이 높은 것처럼 보이고 이것저것 아는 것도 많아 보인다. 한 엄마는 한글을 온라인으로 가르쳤다. 어느 날 보니 네 살밖에 되지 않은 아이가 학습 후 혼자 게임을 찾아 하고 있었다. 이 엄마는 아이가 어린데도 컴퓨터를 잘 다룬다며 신기해 했다. 이렇게 신기해 하는 아줌마들의 대다수는 컴맹이거나 검색만 겨우 하는 수준인 경우가 많다. 그래서 어린 아이가 컴퓨터를 다룬다며 대견해 하기까지 한다. 하지만 이건 컴퓨터를 잘 다루는 것이 아니라 게임을 하는 것뿐이다. 이렇게 학습한 아이들은 공부보다는 게임에 흥미를 더 많이 갖게 된다.

두 번째, 엄마가 아이를 공부시키기 위해 게임을 이용한다. 많은 학습량을 내 주고 그것을 다 했을 때 보상으로 게임을 하게 한다. 또는 시험 성적이 몇 점 이상이면 게임을 하루 종일 할 수 있다는 조건을 건다. 아이가 저학년일 때는 효과가 높다. 하지만 고학년으로 갈수록 효과는 떨어진다. 오히려 게임에 빠질 확률만 높아진다. 그리고 공부는 보상이 있을 때만 하는 것으로 여기게 된다. 공부는 자신을 위해 하는 건데, 보상이 주어진다는 건 부모를 위해 하는 것처럼 인식되기 쉽다. 나중에는 뭘 해도 보상받기를 바란다. 또 아이가 고학년이 되면 PC방이라든가 친구네 집에서 보상 없이 게임을 할 수 있기 때문에 더 이상 공부를 하지 않으려는 경우도 있다.

예전에 학습 능력과 학교생활에 문제가 있어 병원에 갔다가 주의력 결핍 과잉행동 장애ADHD 진단을 받고 치료 중인 아이가 개인 수업을 받고 싶다고 찾아왔었다. 이 아이는 초등학교 3학년으로 우주에 대해 관심이 많고, 어른들이 보는 우주에 관한 책도 읽는다고 했다. 엄마는 '아이가 ADHD 진단은 받았지만 은근 천재가 아닐까?' 하는 기대감을 가지고 있었다. 하지만 수업을 하면서 알게 된 사실은 아이가 알고 있는 것은 거의 수박 겉핥기식 지식에 불과했다. 과학에 관한 지식이 없는 엄마는 그걸 알아낼 길이 없었다. 안타깝게도 아이는 자신이 다른 사람들과 섞이지 못할 때 방패 삼아 우주 이야기를 했고, 책을 펼쳤다. 아이가 무척 산만해 글쓰기가 어려워 그림으로 표현하라 했더니 우주 기지 같은 것을 그렸다. 그림을 그리고 있을 때는 신이 나 있었다. 나중에 알고 보니 그 그림은 게임 속 장면들이었다. 아이는 매일 몇 시간씩 우주를 배경으로 한 게임을 했다. 엄마는 아이가 우주에 대한 관심이 많기 때문에 그런 게임을 한다고 생각했고 몰두하게 그냥 두었다. 아이는 생활하면서도 머릿속으로는 게임을 하고 있었다. 이 엄마에게 게임을 그만 시키라는 조언을 해주었지만 잘 지켜지지 않았다. 이 아이 역시 공부하는 것과 가기 싫은 학원을 가는 조건으로 게임 보상을 받아왔던 것이다.

세 번째, 엄마의 시간을 보내기 위해 게임을 시키는 경우가 있다.

엄마 친구들이 왔거나, 뭔가 해야 할 일이 있을 때 아이에게 게임을 시킨다. 그러면 아이는 조르지도, 나가지도 않고 한 자리에 앉아서 오랜 시간을 보낸다. 즉 관리가 쉬워져 게임을 시킨다.

어떤 엄마는 "요일과 시간을 정해 주고 하는 게임은 괜찮지 않나요?" 하면서 당연하게 말한다. 한 엄마는 아이와 약속한 요일과 시간에 가족 모임을 가야 했다. 아이는 게임하는 날이니 가지 않겠다고 완강히 거부했고, 이 엄마는 할 수 없이 갔다 와서 두 배로 시간을 더 준다는 약속을 했다. 요일과 시간을 정하게 되면 이런 문제가 생긴다. 정해진 날에 무슨 일이 생기면 조금씩 규칙이 깨지고 엄마는 게임 빚쟁이가 된다. "엄마, 그 약속 잊지 않았죠? 저 갔다 와서 세 시간 더 해야 해요" 하게 된다. 엄마들도 모르는 사이 게임을 권장하고 계속하도록 조장한다.

아이들은 곧 성장한다. 더 이상 부모님의 간섭과 보상을 받지 않고도 얼마든지 게임할 길이 열린다는 말이다. 그러니 스스로 절제 있게 가르쳐야 한다. 게임을 학습이나 보상으로 주지 말고, 특정 요일과 시간을 정하지도 마라. 아이에게 "게임하지 마라" 하다 보면 더 하고 싶어지고 결국에는 숨어서 하게 된다. 어느 날 갑자기 보상으로 하지 말고, 놀이로 시간을 정해 시켜 보면 어떨까!

게임은 즐거운 놀이다. 그러니 놀이로써 접근해야 하고, 잘 놀기 위해서는 절제가 필요하다는 것도 중요하게 가르쳐야 한다.

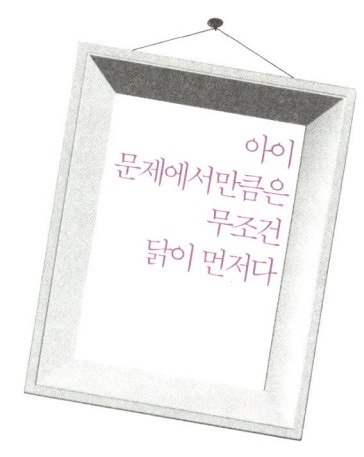

아이
문제에서만큼은
무조건
닭이 먼저다

큰 아이와 밥을 먹으면서 학교에서 '문제아'로 불리는 아이에 대한 이야기를 하게 됐다. 그 아이는 툭 하면 학교에 나오지 않고, 집에도 들어가지 않는다고 했다. 원인은 부모님이 서로 싸우고 그 집 아빠는 아이가 집에 들어가기만 하면 때린다고 했다. 큰 아이는 "그러니 당연히 집에 들어가기 싫은 것 아니겠어요?" 하고 말했다. 나는 "어른 입장에서 보면 학교도 가지 않고, 집에도 들어오지 않으니 때려서라도 잡아주고 싶은 게 부모 마음 아니겠니?" 하고 말해 주었다. 그리고 "부모가 서로 싸우는 것은 자식이 집에 들어오지 않으니 아빠는 집에 와서 '자식을 어떻게 교육시키느냐?' 분통을 터뜨릴 테고, 엄마 입장에서는 '당신도 잘한 거 없어!' 할 테니 다투게 되지 않겠니?" 하고 덧붙여 말했다. 그 후 계속된 이야기는 '닭이 먼저냐 알이 먼저냐'의 문제였다. 물론 나의 결론은 처음부터 '닭'이 먼저였다. 왜냐하면 글쓰기와 연극을 가르치면서 아이들을 만나다 보면 좋은 것이든 나쁜 것이든 부모의 영향을 많이 받는 것을 보게 된다. 또한 아이들은 어릴수록 집안 분위기에 따라 달라진다. 이른바 '문제아'라고 불리는 아이 집안에는 문제 부모가 있는 법이다. 그런데 자신이 문제의 부모인지 모르는 경우가 대부분이다. 문제 부모와 가정을 살펴보자.

예를 들어, 남편과 어젯밤 늦게까지 큰 소리로 싸웠다. 아내는 남편과의 문제와 상관없이 아이들에게 충분한 사랑을 주고 싶지만 감정 조절이 힘들다. 이 일 때문에 나는 죽을 것 같은데, 남편은 멀쩡하게 차려 입고 출근을 한다. 아이들은 눈치 없이 집을 어지럽히고, 동생과 싸운다. 그러면 엄마는 무서운 말도 서슴지 않고 한다. "야, 너희들은 눈치도 없니? 집이 이게 뭐야. 내가 미쳐. 동생하고는 왜 싸워. 너희들 때문에 내가 너무 힘들어. 엄마를 도와주는 사람은 아무도 없어. 내가 죽든지 해야지!" 아이들은 어젯밤 엄마 아빠의 부부싸움보다 지속적으로 듣게 되는 이런 말에 더 큰 상처를 받는다.

또 한 아줌마는 속상할 때마다 넋두리처럼 이렇게 말한다. "너희들만 아니었다면 아빠랑 이혼했을 거야!" "네가 엄마 뱃속에 없었다면 결혼하지 않았을 거야!" "너희들 때문에 아빠랑 사는 거야!" 이 말은 너희들을 너무 사랑하기 때문에 참고 사는 거라는 뜻이지만, 아이들에게는 "나는 행복하지 않아, 너희들이 지금 내 행복을 가로막고 있어"로 들린다. 더욱이 "너희만 없었다면…"이라는 말을 자주 하면 부모의 의도와 상관없이 아이들은 큰 상처를 받는다. 아이들은 태어난 것에 대한 수치심과 동시에 부모 행복을 가로막고 있다는 죄책감에 사로잡힌다.

사이가 좋지 않아 몇 달이고 말을 하지 않는 부모, 각자 다른 방을 쓰면서 남보다 못하게 사는 부모, 매번 격렬하게 싸우는 부모, 관계가 날씨처럼 변덕스러운 부모 아래 자라는 아이들은 충분한 사랑보다 불안을 배운다. 또 누구도 자신을 돌봐 줄 사람이 없다고 느껴 어린 시절부터 인생의 무게감 때문에 적개심이 든다.

수치심과 죄책감을 가슴에 새긴 아이들은 보통 초등학교 저학년까지는 별다른 문제 행동을 하지 않다가 고학년에 들어서면 서서히 조짐이 나타나고, 중학생이 되면 눈에 띄는 아이가 된다. 그런데 부모는 자기의 잘못된 육아법, 자신의 부정적인 모습, 아이가 겪었을 어두운 가정환경은 돌아보지 않고 친구 탓만 한다. 이런 아이들은 남들보다 예민하고 작은 일에도 상처를 많이 받는다. 겉으로는 강한 것 같지만 사실은 더 상처 받기 싫어 거친 방어막을 친 것뿐이다.

아이가 문제 있는 행동을 지속적으로 한다면 자신을 돌아보자.
아이들 문제에 있어서는 무조건 닭이 먼저다.

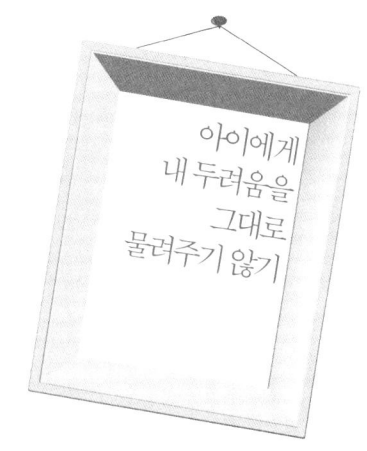

아이에게
내 두려움을
그대로
물려주기 않기

나의 꿈의 목록, 버킷 리스트bucket list에는 '강아지 키우기'가 있다. 그 뒤에 붙은 꼬리는 "아가 때 데리고 와서 죽을 때까지 보살피며 가족으로 살기"이다. 꿈의 목록의 대부분은 나를 위한 계획이지만, 이것만은 나와 아이들을 위한 공동 버킷 리스트이다.

어릴 적 마당에서 개를 한 마리 키웠었다. 잘 놀아 줬는지 어쨌는지는 기억나지 않는다. 지금처럼 '애완견'이라는 생각이 없던 시절이라 아마도 집 지키는 용도로 키웠을 것이다. 내 나이 여섯 살쯤 되었을까? 어느 날, 그 개가 낑낑거렸다. 옆집에서 장난으로 던진 큰 생선 가시를 먹은 것이다. 부모님은 일하러 가셨고, 그 당시 뭘 먹고 저러는지도 몰라 혼자 이러지도 못하고 저러지도 못하고 있었다. 개는 괴로워하며 울부짖었고, 이빨을 드러낸 채 쉰 소리로 점점 더 사납게 컹컹거렸다. 며칠을 그렇게 지냈는데 부모님이 어떻게 하셨는지 잘 기억나지 않는다. 부모님은 새벽에 나가 거의 밤이 되서야 들어오셨기 때문에 크게 신경 쓰지 못하셨다. 사는 게 너무 바쁜 시절이었다. 그래서 나라도 도와줄 요량으로 다가갔는데 신경이 날카로워진 개는 그만 나를 물고 말았다. 상처가 깊지는 않았지만 나에게는 충격이었다. 얼마 후 그 개는 거품을 물고 죽었다. 지금 생각해 보면 얼마나 고통스러웠을지 짐작도 가고 왜 물었는지 이해도 된다.

사실 그 이후로 나는 개를 쭉 무서워했다. 내 아이들은 이런 내 사정을 알 리 없다. 일부러 티 나지 않게 무서워하지 않는 척하려고 애썼다. 한편으로는 개가 무서웠지만 다른 한편으로는 그 이후 동물과 교감 없이 자란 나에 대한 불쌍함(?)이 생겨 내 아이들만큼은 그렇게 자라지 않았으면 하는 마음이 컸다. 세상의 반은 인간이고, 반은 동물인데 어떻게 인간들과만 교감하며 살까 싶었다. 외국 영화에 보면 개랑 뒹굴며 사는 아이들에 대한 환상이 떠나지 않았다.

아이들은 초등학교 저학년 때 강아지를 키우고 싶어 한다. 친구

네 집에 가면 강아지가 있다고 부러워한다. 그러다 첫째 아이가 개를 피해 도망가지는 않지만 약간의 두려움이 있다는 것을 알게 되었다. 아마도 내가 티를 안 내려 했어도 알게 모르게 드러났을 것이다. 도무지 어렸을 적 물린 그 개 이빨에 대한 트라우마가 사라지지 않았다. 그래도 모른 척하고 넘어갔다. 그러던 중 둘째 아이가 그 시기가 되어 또 강아지 노래를 불렀다. "그래? 그렇다면 50만 원을 모아 가지고 와. 그럼 엄마가 강아지 키우는 것을 허락할게!" 아이들은 강아지 키울 때를 대비한다며 텔레비전에서 방영하는 〈동물 농장〉도 꼬박꼬박 시청했다. 나도 덩달아 몇 번 보다가 '동물 커뮤니케이터 하이디 편'을 보게 되었다. 지금 생각하면 당연한 일이지만, 그때 당시에는 동물들이 사람과 똑같이 느끼고 생각한다는 사실에 많이 놀랐다. 처음으로 '반려견'에 대한 개념이 생기기 시작했다.

아이들은 1년이 넘게 은행을 드나들더니 차츰 돈의 액수를 채워 갔다. 나는 덜컥 겁이 났다. '이걸 어쩌지? 다 모았는데도 안 된다고 할 수는 없고.' 그때부터 도서관에서 책을 빌려 읽기 시작했다. 강아지와 관련된 책은 모조리 읽었다. 그러는 사이 아이들은 돈을 다 모았다. 이제 강아지를 식구로 맞을 준비를 해야 했다. 그렇게 해서 우리 집에 '요코'란 강아지가 왔고, 2년 후 '마린이'가 왔다. 강아지를 키우면서 이빨의 공포를 없애기 위해 양치질을 선택했다. 처음한 달간은 입을 벌리고 그 조그만 이빨을 닦아 주는데도 어쩌나 진땀이 났는지 모른다. 그 후부터 차츰 이빨이 친숙(?)해졌다. 또 강아지 털 알레르기로 한 달여간 고생하기도 했지만 면역력이 생겨 그런지 나중에는 사라졌다.

아는 분 중에 개에 대한 약간의 두려움을 가지고 있지만 아이들이 원해서 제일 작은 강아지를 분양받은 분이 계시다. 이분은 강아지가 아이들의 정서 발달에 도움이 된다고 키우기 시작했다. 막연히 강아지도 사람과 같겠다고 생각했다. 그런데 막상 데려와 보니 아무 데나 오줌과 똥을 싸고 난리도 아니었다. 외출하고 집에 들어서는 순간 강아지가 눈 오줌을 밟아야 했다. 이분은 화가 나서 신문지를 돌돌 말아 때리기 시작했다. 어린 강아지는 주인이 오자 반가워 꼬리를 흔들고 졸졸 따라다니다 매를 맞기 일쑤였다. 강아지의 기억력은 그리 길지 않다. 이분은 집에 들어와 오줌이 있는 곳을 두드리며 "여기에다 오줌 쌌어! 이러면 돼, 안 돼?" 하고 화가 잔뜩 나 때리지만 강아지는 알 길이 없다. 강아지는 사람처럼 '아까 실수한 오줌이 원인이어서 지금 맞는구나' 하는 원인과 결과를 알지 못한다. 집에 데려와 2-3개월까지는 오줌과 똥을 잘 가리지 못한다. 강아지도 아기와 똑같다. 네 발로 걷고 뛸 뿐이지 기저귀 찬 아기랑 똑같다. 그러니 실수가 잦다.

한 달이 채 못 되어 이분은 강아지를 시골 할머니 댁으로 보냈다. 하지만 얼마 지나지 않아 강아지가 농약 탄 물을 먹고 죽고 말았다. 그 집 아이들은 엄마에 대한 원망이 커졌다. 엄마가 강아지를 때리던 모습도, 시골집으로 보내 죽게 내버려 둔 사실도 이해가 되

지 않았다. 아이의 정서 발달이니 하는 꿈은 원망으로 변했다. 강아지에 대한 습성, 언어, 발달 과정의 이해 없이 장난감 사 주듯 분양받으면 이렇게 되기 쉽다.

강아지를 산책시키다 보면 많은 사람을 만난다. 우리 집 개는 소형견 중에서도 작은 종인데도 피해 가는 아이들이 있다. 짖지도 않을 뿐 아니라 가슴 줄을 메고 내 옆에 바짝 걷고 있는데도 피한다. 한 아줌마는 유치원 꼬마 아이를 데리고 가며 아이가 개에게 가까이 가려 하자 놀라서 "물어! 안 돼. 가지마!"라고 크게 말한다. 개는 무니깐 옆에 가면 안 된다고 가르친다. 나 역시 작은 강아지도 무서웠기에 이해가 안 되는 것은 아니다.

하지만 무서워 피하면서 강아지의 이름들은 읊어 보라고 말한다. 아이는 개의 종류를 줄줄 읊어 댄다. 엄마는 신이 나서 "아주 잘 아네! 그러면 저 개가 무슨 종이지?" 하고 또 묻는다. 아이가 헷갈려 한다. 그러다 그 아이 엄마는 멀찌감치 앞질러 가다 뒤돌아 "개가 무슨 종이예요?" 하고 내게 물었다. "요크셔 테리어와 말티즈요", "거 봐. 엄마가 맞았지?" 하고는 또 가던 길을 가면서 "개는 어떻게 울지?", "멍멍", "그럼 돼지는?", "꿀꿀" 한다. 나는 뒤에 따라가면서 "참! 교육 잘한다" 했다.

개는 무섭다고, 문다고 가르치면서 '사랑스러운 개들'이라는 그림책을 들고 강아지 이름들을 줄줄 외우게 하는 것은 문제가 있어 보인다. 내가 무섭다고 아이들에게도 무섭다고 가르치면 안 된다.

어떤 엄마는 본인은 싫어하는데 아이가 좋아하는 경우 "나중에 어른 돼서 너희 집 생기면 그때 키워!"라고 말한다. 어렸을 때 키워 보지 않은 아이가 어른이 되어 키울 확률은 적다. 있다 해도 위의 경우처럼 막연한 환상으로 장난감 사듯 분양받을 수 있다. 그렇다고 몇 개월, 몇 년 키우고 남에게 주거나 책임감 없이 버릴 것이라면 아예 키우지 말아야 한다. 키울 거라면 가족으로 받아들이고, 끝까지 책임질 각오로 분양받아야 한다. 또한 개는 사람과 다른 습성, 언어를 가지고 있기에 육아 지침서를 보듯 최소한의 공부는 하고 데려와야 한다. 아이들이 개를 키운다고 정서 발달이 절로 좋아지는 것은 아니다. 부모가 동물을 소중히 대하고 아끼며 사랑해 주는 모습을 보고 자라면서 좋아지는 것이다.

개를 키우든 안 키우든 그것은 자유 선택이다. 하지만 자유의 선택을 넘어 아이에게까지 경험할 수 없도록 차단막을 설치하지 말아야 한다. 비단 개의 문제만 이야기하는 것이 아니다. 다른 일에 있어서도 엄마가 싫어하는 것은 보통 아이도 경험할 수 없다. '개=문다'는 말도 안 되는 공식을 연결시켜 겁을 주듯 차단해서는 안 된다. 아이에게 허수아비 트라우마를 만들어 줄 필요가 있겠는가!

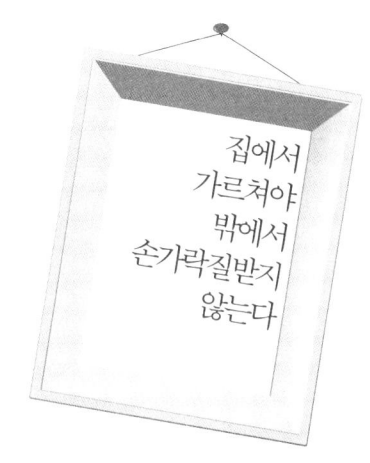

집에서
가르쳐야
밖에서
손가락질받지
않는다

아이들은 규율과 규칙, 절제가 필요하다. 어떤 일은 해도 되고, 어떤 일은 하지 말아야 한다는 기본적인 소양을 집에서 가르쳐야 한다. 그런데 어떤 아줌마들은 창의력 발달이라면서 "안 돼!"를 가르치지 않는다. 집에 가서 보면 아이가 집안의 왕이다. 가구와 바닥, 벽 등에 크레파스와 사인펜으로 온갖 낙서가 되어 있다. 엄마는 자랑스럽게 "아이가 그림에 소질이 있다"고 말한다. 하지만 소질을 떠나 아무 데나 그림을 그리게 되면 규칙과 절제를 배울 수 없다. 일정한 장소를 정해 주어서 갑자기 그리고 싶어도 그 장소에서만 하는 습관을 길러 주어야 한다. 창의력에 대한 오해가 많다. 창의력이 무절제를 의미하는 것은 아니다. 화가들도 자기 집 아무 곳에나 그림을 그리지 않는다. 그림 그릴 장소를 정해 그곳에서 작업을 한다. 긴 시간 아이들을 가르치며 지켜봐 왔지만 이렇게 마음대로 낙서하고 다니는 아이들 중에 창의력이 뛰어난 경우를 보지 못했다. 오히려 유치원이나 학교에서 자기 마음대로 무엇이든 하려고 해 다른 아이들과 어울리지 못하고 겉도는 아이가 되기 쉽다. 절제를 가르치지 않으면 세상을 살아가는 데 어려움이 많다.

A아줌마는 아이에게 "안 돼!"를 가르친다고 하면서 있지도 않은 "망태 아저씨가 잡아간다"거나 "경찰 아저씨가 '이 놈'하고 잡으러 온다"고 위협적으로 말한다. 이렇게 가르친 아이가 좀 더 컸다고 하자. 직업을 설명해 줄 때 "경찰 아저씨는 우리를 지켜 주는 고마운 분이야" 한다면 이해하겠는가? 아이의 무의식 속에 경찰 아저씨는 사소한 잘못에도 금방 달려와 잡아가는 사람이다.

B아줌마는 옆에 할머니가 계시면 "할머니, '이 놈' 하고 혼내 주세요!"라고 말한다. 이유를 설명해 제대로 "안 돼!"를 가르쳐 주어야 하는데, 무조건 겁을 주어서 차단하려고만 한다. 그러면 아이는 겁에 질려 행동을 멈춘다. 엄마 덕분에 주변에 있는 온갖 선한 이웃들이 아이에게는 혼을 내는 무서운 사람이 된다. 혼을 내도 엄마가 내

야 하는데 옆에 있는 아저씨, 할머니, 할아버지를 이용한다. 결국 귀엽게 아이를 바라보고 있다가 졸지에 험상궂은 얼굴을 하고 "이 놈" 해줘야 한다. 아이가 세상에 나와 믿을 사람은 엄마뿐일 때 남들에게 "아이 좀 혼내 주세요!" 한다면 아이 입장에서는 그야말로 '세상에 믿을 사람 하나 없네'가 된다. 이렇게 자란 아이가 주변 사람을 호의적으로 받아들일 수 있을까? 혹 위험에 처해 도움을 받아야 할 때 주춤하게 되지 않을까?

C아줌마는 "도깨비가 잡으러 온다!"는 말도 안 되는 이야기를 한다. 이런 거짓말은 유치원에서도 한다. 첫째, 둘째 아이 모두 유치원에 갔더니 선생님들이 공통적으로 잘못을 하면 '도깨비 유치원'에 보낸다고 했다. 상상력이 풍부한 아이들은 자기 잘못은 생각해 보지도 못하고, 지하에 있다는 도깨비 유치원 얘기로 공포에 빠진다. 나는 도깨비 유치원이 가짜라는 사실을 가르쳐 주는 데 많은 시간을 소비했다.

아이들은 내 품에만 있는 것이 아니다. 내 품에 있는 시간은 잠시고, 주변 사람들과 함께 살아야 하는 세상으로 나가게 된다. 가정은 바로 그것을 준비시키는 곳이다. 밖으로 나갔을 때 손가락질받지 않고 따돌림 받지 않으려면 기본적인 규칙과 규율, 절제를 배워야 한다. "규칙, 규율, 절제는 아이가 크면서 알아서 배우면 되는 아니에요?" 그럴 수도 있다. 유치원과 학교에 가면 부딪히면서 알게 된다. 하지만 가정에서 배울 때와 달리 밖에서는 지적만 있을 뿐 안

아주지 않고 문제시한다.

누가 뭐라 해도 아이의 최초의 스승은 엄마다. 그런데도 소질과 창의력 개발이라는 이름으로 눈살 찌푸리게 하는 아이로 키울 것인가? 규율과 규칙을 가르친다면서 있지도 않은 허상으로 두려움에 떨게 하고, 좋은 관계를 맺고 살아야 하는 이웃 사람들을 들먹이며 겁만 줄 것인가? 어려서 알아듣지 못하기에 쉽게 가르쳐 주려 한 것이라면, 그런 변명 따위는 집어 치우자. 지금은 이해할 수 없다 해도 차근차근 설명하면 어느 시점에 머릿속에서 정리되는 때가 온다. 그때를 위해 시간이 걸리더라도 왜 하면 안 되는지를 제대로 가르쳐 주자. 남들로부터 손가락질받으며 배우게 하지 말고 집에서, 최초의 스승인 엄마에게서 제대로 배워 나가게 하자.

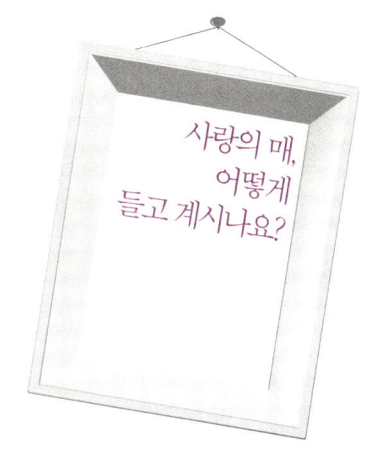

사랑의 매,
어떻게
들고 계시나요?

　동네 아줌마 중에 아이를 위해 온갖 헌신을 하는 아줌마가 있다. 이 아줌마의 하루 일과는 두 아이를 학교와 학원에 데려다 주고, 데려오는 걸로 꼭 차 있다. 평소 아줌마는 천사(?)표다. 아이가 하는 모든 행동을 받아 준다. 그래서인지 아이들은 엄마를 하녀처럼 부린다. 첫째 아이는 초등학교 2학년 남자, 둘째 아이는 일곱 살짜리 여자인데 날이 갈수록 더 심하다. 첫째 아이가 너무 일찍 반항 아닌 반항을 시작하더니, 둘째 아이도 오빠를 따라 장난스럽게 엄마를 자주 때리려 한다. 주변 사람들은 이 모습을 보고 "너무 잘해줘서 그래!" 하며 조언을 해준다. 그러자 이 엄마가 대답한다. "저 화나면 진짜 무서워요. 일단 매 들기 시작하면 장난 아니에요. 진짜 무섭게 혼내요!"

천사표인 줄만 알았던 이 엄마는 한번 폭발하면 아이들에게 과한 체벌을 했다. 어느 날은 허용되었던 일이 어느 날은 매가 됐다. 옛날 일까지 들추어 과한 체벌을 했다. 엄마 입장에서는 "이만큼 참아 주었는데" 하면서 매를 들지만 아이들은 혼란스럽다. 마음속으로 자신의 잘못은 잊어버리고 '엄마는 또 저러는구나!' 한다. 아이 눈에도 자기감정을 못 이겨 화를 내는 것으로밖에는 보이지 않는다.

그 엄마가 며칠 전에는 한숨을 쉬며 이렇게 말했다. "우리 애는 매로도 안 돼요. 원래 고집이 센걸요." 그 조그만 아이들이 맷집이 는 것이다. 첫째 아이는 학교에서 따돌림을 당하게 되었다. 친구들은 이 아이가 하는 행동이 이상하다며 싫어했다. 잘 있다가도 갑자기 화를 내고, 욕하며, 친구들을 때렸다. 학교에서 유명한 아이가 되었다. 둘째 아이는 아직 어리고 여자 아이라 아직까지 문제는 없어 보이지만 약간씩 조짐이 보인다.

또 한 집은 아빠가 완벽주의자라 매를 든다. 아이가 사소한 실수를 해도 참지 못한다. 아빠는 교육적인 차원에서 매를 든다고 하지만 아이들은 아빠만 오면 까치발을 들고 다닌다. 엄마는 아빠를 무서워해 그런다고 하지만 내가 보기에는 '아이들이 무의식적으로 유령 같은 존재가 되고 싶은 게 아닐까?' 하는 생각이 들었다. 어쩔 수 없이 같은 공간에 있지만 아빠의 눈에서 사라져 버리고 싶은 심리 말이다. 그래야 매를 맞지 않을 테니깐. 이 아빠는 아이가 학교에 입학하자 100점이 아닐 때는 매를 들었다. 매를 맞는 이유가 하나 더 늘었다. 아이는 학교 가기가 싫었다. 이 아이에게 학교는 친구들과 놀며 배우는 장소가 아니라 평가받고 오는 곳에 불과했기 때문이다. 그 아이는 친구들 사이에서 일어나는 작은 일에도 예민하게 반응했다. 화가 나면 "너 좀 맞아볼래?" 하고 손부터 올라갔다. 그러다 보니 학교에 가도 친구가 별로 없었다. 학교 가기 싫은 이유가 또 하나 는 셈이다.

많은 부모 중 "정말 세게 때려요. 한 번 화나기 시작하면 물불을 안 가려요. 매를 때릴 때는 확실히 때려야죠!" 하고 말하는 사람이 있다. 그런 이야기를 들으면 화가 난다. 다음을 큰 소리로 읽어 보라. "나는 격투기 선수여서 상대 선수를 이기기 위해 정말 세게 때려요. 한 번 화나기 시작하면 물불을 안 가려요. 때릴 때는 확실히 때려야죠!" 당신은 격투기 선수인가? 상대도 같은 체급의 선수인가? 상대는 아이다. 그것도 내 아이다. 이렇게 말하는 당신은 체벌할 자격이 없다.

부모에게 불합리하게 매를 맞는 아이는 그렇지 않은 아이보다 예민하고 사소한 일에도 신경질을 잘 낸다. 분노 조절을 잘 못하게 되다 보니 주변에 있는 동생이나 친구가 화나게 하면 폭력을 쓴다. 심할 경우 커서는 부모가 그 대상인 경우도 있다. 매를 자주 맞은 아이가 십대가 되어 힘이 세지면 부모를 구타할 가능성이 높아진다는 연구 결과가 이를 입증한다. 이 아이는 부모에게서 잘못을 하면 힘으로 눌러야 한다고 배웠기 때문이다. 그래서 부모가 자기에게 잘못을 하면 힘으로 누르려 한다. 자기에게 잘못을 했으니 맞아도 된다는 논리다. 잘못하면 맞아야 하고, 부당한 대우를 받아도 된다고 생각한다. 아이에게 매를 들어야 할 상황이 오면 반드시 다음 내용을 기억하라.

첫째, 감정의 매를 들지 마라

어떤 이유 때문에 매를 때리기로 했다면 원래대로 꼭 약속을 지켜라. 얘기하다보니 화가 나서 아이가 지난번에 한 실수와 함께 그 태도를 문제 삼아 매를 더 들게 되면 아이에게는 자기의 잘못은 잊어 버린 채 억울한 감정만 남게 된다. 그리고 이렇게 생각한다. '자기감정에 못 이겨 또 저러는구나!' 아이들은 자신을 억울한 희생양으로 생각하게 돼 분노가 쌓일 수밖에 없다.

둘째, 사소한 잘못까지 매를 들지 마라

아이들은 잘못하면서 자란다. 그게 정상적인 발달 과정이다. 그런데도 사소한 실수나 일에 매를 든다면 아이들은 상처 받는다.

셋째, 화가 난다고 아무 데나 손이 가는 대로 때리지 마라

회초리를 정해라. 제발이지 화가 난다고 손에 잡히는 것으로 아무 데나 때리지 말기 바란다.

잘못 이상의 매를 맞으면 잘못은 잊고 감정만 남는다. 잘못을 바로 잡겠다고 든 매가 잠재적인 폭력의 악순환을 만들 수 있다.

내 자식도
정말
미울 때가 있다

아이를 키우다 보면 "아! 더 이상 내 아이를 사랑할 수 없을 것 같아" 할 때도 있다. 부모로 살다 보면 인내와 사랑이 절실할 때가 많다. 어쩌면 이것은 부모가 평생 안고 가야 할 숙제일지도 모른다.

첫 번째 관문이 자녀의 사춘기 시절인 것 같다. 아이들은 사춘기에 접어들면 변한다. 얌전하고 착한 아이가 갑자기 화를 내기도 하고, 거울 앞에 서서 도무지 나오려 하지도 않고, 말끝마다 토를 달

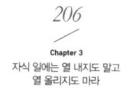

며 싸우자 덤비기도 한다. 아이는 책상에 앉아도 이런저런 생각으로 다른 나라에 가 있다. 손에서 핸드폰을 놓지 못한다. 공부하는 줄 알고 들어가 보면 카톡을 하느라 정신이 없다. 이성 친구도 사귄다. 자연히 공부에는 관심이 없어진다. 게임과 같이 재미있는 것들이 너무 많다. 오죽하면 엄마들이 청소년에게는 핸드폰을 팔지 못하도록 금하는 법이 생겼으면 좋겠다고 할까!

나의 첫째 아이도 중학교에 들어가자 시동이 걸리기 시작했다. 그래서 딱 1년만 간섭하지 않겠다고 말했다. 다만 성실히 학교생활을 하고, 집에 들어올 때는 기분 좋게 들어오고, 시간 약속은 잘 지키라고 당부했다. 또한 거짓말하지 않으면 된다고 했다. 아이는 시험 기간 때도 열심히 놀았다. 어느 때는 친구들과 어울려 영화도 보러 가고, PC방, 노래방도 갔지만 대부분 운동장에서 축구를 하며 보냈다. 물론 중학교 1학년 과정이 통째로 날아가 3학년이 된 지금도 어려움이 있다. 갑자기 어려워진 영어, 수학의 기본 과정을 놓쳤기 때문이다. 더욱이 그나마 있던 공부 습관도 흐트러져 몇 분 단위로 엉덩이를 들썩인다. 하지만 그 시간이 헛된 것은 아니다. 보통 사춘기가 되면, 대화도 끊기고 마음의 문도 닫지만 우리 가족은 여전히 다 같이 있으면 웃으며 재미있어 한다.

사춘기는 아이들에게도 혼란스러운 시간이다. '성장 호르몬'이라는 놈이 괴롭혀서 힘든 것이다. 이렇게 행동하지 말아야지 하는데도 절제가 잘 되지 않는다. 이 말은 하지 말아야지 하면서 하게 된다. 시간을 줘야 한다.

그런데도 엄마들은 시간을 주는 일에 인색하다. 그러면서 "지금 공부하지 않으면 얼마나 힘든데"만 반복한다. 하루에도 몇 번씩 아이는 엄마의 신경을 건들고, 엄마는 "저걸 낳고 미역국까지 먹었네" 하며 절망스러워한다. 나중에 생각해 보면 무엇 때문에 그렇게 힘들었나 생각나지도 않을 일로 말이다.

그럼에도 지금 당장, 더 이상 내 아이의 손을 잡지 못할 것 같은 불안감에 사로잡혀 있다면 되짚어 보길 바란다. 임신하는 순간 무슨 생각을 했는가? 손가락, 발가락 열 개씩 잘 있고 건강하기만 하면 된다 하지 않았던가! 그럼 됐다. 지금 사춘기 때라 그렇지 건강하다. 또 걷기 시작하면 온갖 위험한 요소를 피해 큰 사고 없이 자라기만 해다오 하지 않았던가! 그럼 됐다. 너무 돌아다녀서 그렇지 큰 사고 없이 잘 자라고 있다. 한 시름 놓고 기다리자.

당신도 수없이 많은 시행착오를 겪으면서 성장했다. 그 속에서 잘못도 하고 잘하기도 하면서 지금에 이르렀다. 아이는 이제 성장의 첫 관문을 통과하고 있다. 절망은 접고, 큰 사고 없이 건강하게 잘 자라고 있다는 희망을 펴자.

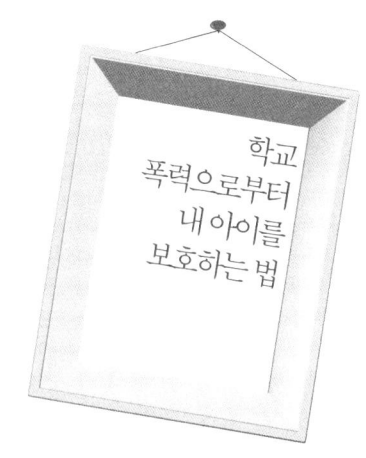

학교
폭력으로부터
내 아이를
보호하는 법

왕따는 여전히 심각한 사회 문제다. 한 반에 한 명 꼴이라고만 해도 전국 초,중,고를 따지면 숫자가 어마어마하다. 왕따까지는 아니더라도 한 아이가 지속적으로 괴롭히는 경우도 있다.

나의 첫째 아이는 초등학교 1학년 말에 전학을 갔다. 그 학교는 집에서 좀 멀리 떨어져 있었다. 하지만 아파트 단지에서 아이들 등하교 시간에 맞춰 한꺼번에 셔틀로 이동했기 때문에 별 걱정이 없었다. 그런데 전학 간 지 한 달쯤 지나면서 아이의 얼굴색이 하얗게 질려 오기 시작했다. 집에 오면 뭔가에 쫓기는 사람 같았다. 그래서 물어보니 하교 길이 멀어 선생님이 짝을 두서넛 지어 주셨는데 그중 한 친구가 자꾸 괴롭힌다는 것이다. "엄마가 학교에 가 볼까?" 했더니 "됐어. 엄마, 그럼 친구들이 놀려. 내가 해결할게" 했다. 며칠이 지나도 아이의 얼굴은 편안해 보이지 않았다. 둘째 아이를 업고 아이가 내려오는 길에 가 보니 아니나 다를까 그 친구는 첫째 아이의 가방과 신발주머니를 잡고 늘어지고 던지며 괴롭히고 있었고, 내 아이는 뺏기지 않으려 몸부림치고 있었다.

다음 날 하교 시간에 맞춰 학교로 갔다. 선생님이 한 줄로 아이들을 세우고 있었다. 마침 청소하는 날이기도 했다. 나는 그 친구를 불렀다. "아줌마, 누군지 알지?" 했더니 "네" 하고 시답지 않다는 듯이 대답했다. "아줌마가 좋은 말로 말하는데 다시는 우리 아이 건들지 마. 가만히 두지 않을 거야!" 하고 말했다. 그 친구는 "네" 하고는 고개를 숙이고 돌아섰다. 그런데 반 친구들이 모여들어 "왜 그래? 왜 그래?" 하고 속삭이니깐 창피했던지 건방을 떨며 "별일 아니야" 했다. 그 순간 난 그 아이의 가방을 잡아챘다. "아줌마가 이렇게 하면 너도 기분 나쁘지. 별일 아니라고? 이거 별일이야. 다시 말하는데 한 번만 더 우리 아이 가방 잡고 흔들고 괴롭히면 가만 안 둔다. 너희 집에 찾아가 부모님과 이야기할거야!" 하고 쩌렁쩌렁한 목소리로 엄포를 놓았다. 그랬더니 그 친구는 옆에 있는 내 아이를 쳐다보면서 "알았어요" 했다.

그리고 청소하기 위해 교실로 들어갔다. 교실에 가자 같은 반 엄마들이 모여 수군대다가 반갑게 맞아주었다. 그렇지 않아도 그 친구가 아이들을 돌아가면서 괴롭히는데 속이 다 시원하다고 했다. 그리고 손가락으로 누군가를 가리켰다. "저기, 그 아이 엄마예요!" 그 엄마는 급히 아이의 물건을 챙기고 있었다. 나는 가서 누구의 엄마라고 밝힌 후 그동안의 이야기를 했다. 그 엄마는 미안하다며 다시는 그러지 않게 주의를 주겠다 말하고는 급하게 나가 버렸다. 그 이후 그 친구는 우리 아이 곁에 오지도 않고, 다른 친구도 괴롭히지 않았다.

아이들은 상황 파악이 잘 안 될 때가 있다. 지금 도움을 받아야 하는지, 스스로 해결할 수 있는지 몰라 한다. 그럴 때는 엄마가 판단하고 나서야 한다. 이미 그 아이는 여러 아이를 괴롭혔다. 그동안 나처럼 누가 나서서 혼내 주었으면 그만두었을 것이다. 그런데 다른 엄마들은 그 아이를 붙잡고 "우리 아이와 잘 지내라. 싸우지 마라"는 얘기만 했다. 보통 남을 지속적으로 괴롭히는 아이들은 그 정도의 강도로는 콧방귀도 뀌지 않을 만큼 깡다구가 세다.

다른 예로, 강남의 모 아파트에서 초등학교 5학년 아이가 옥상에서 뛰어내린 일이 있었다. 그 아이는 내가 가르치던 아이와 같은 동에 살았기 때문에 왜 그런 선택을 했는지 자세히 들을 수 있었다. 아이는 한 친구에게 지속적으로 괴롭힘을 당하고 있었다. 때로는 여럿이서 괴롭혔다. 반 아이들은 누구도 도와주지 않았다. 그 아이 엄마는 다른 엄마들로부터 들어 알고 있었다. 그래서 몇 번씩 학교를 찾아가 그 친구를 어르고 달랬다. 그러면 "알았어요. 안 그럴게요!"라고 했다. 하지만 변한 것이 없었다. 오히려 '마마보이'라는 놀림만 더 받았다. 고민 끝에 아이 엄마는 자기 아이 생일날 반 친구 모두를 초대했다. 사람을 불러 성대하게 상을 차리고 선물까지 준비했다. 아이들은 돌아가면서 잘 지내겠다고 했다. 아줌마는 한시름 놓고 다음 날 아이를 깨워 가벼운 마음으로 학교에 보냈다.

그러나 학교에 가니 괴롭히던 친구 여럿이서 그 아이를 부르더니 어제 받은 선물을 발로 밟아 뭉개며 "너희 엄마가 비는 것 봤지? (엄마 흉내를 내며) 얘들아! 제발 부탁인데 우리 아이랑 잘 지내죠. 그럴 수 있지?" 하며 비아냥거렸다. 반 아이들은 다 같이 웃었다. 그 친구는 "너희 엄마가 우리 못 이기니깐 그렇게 비는 거 아니야?" 하고 덧붙였다.

아이는 집으로 와서 마지막 일기를 썼다. 그리고 맨 마지막 줄에 "엄마도 그 친구를 정말 못 이기나 보다. 그러니 선물을 줬지. 더 이상 나를 보호해 줄 사람은 없다"라고 적고는 학원에 간다고 나와 아파트 옥상으로 향했다.

아줌마들 중에는 이렇게 아이가 심각한 일을 겪고 있어도 아이들끼리 잘 해결할 수 있다고 순진하게 생각한다. 어떤 경우는 어떻게 도와줘야 할지 몰라 지켜보기만 한다. 또 남의 아이에게 이러쿵저러쿵 하기 뭐하다며 자기 아이에게 피해 다니라고만 가르친다.

물론 학교 폭력, 왕따의 심각성 때문에 정부와 학교, 경찰까지 관심을 갖고 있고 신고제도 등을 도입해 많이 완화된 것은 사실이나 여전히 누군가는 피해자다. 만약 내 아이가 그렇다면 죽고 싶을 만큼 괴로울 수 있다. 아이 혼자 해결할 수 없다 판단되면 지체 없이 도와줘야 한다. 상대 아이의 부모와 마찰이 있을 수도 있겠지만 감안하라. 적어도 내 아이는 자기를 괴롭히는 친구보다 힘세고 든든한 보호막이 있다는 사실에 안도할 것이다.

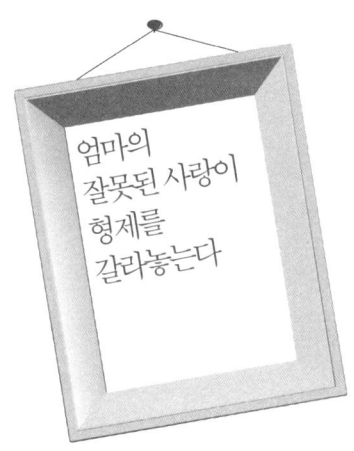

엄마의
잘못된 사랑이
형제를
갈라놓는다

모두가 잘 알고 있는 〈흥부 놀부〉 전래 동화를 읽다 문득 이런 생각이 들었다. '왜 남보다 못한 형제 사이가 됐을까? 그건 그렇고 놀부는 왜 그렇게 흥부를 미워하게 됐을까?' 당신도 이렇게 생각해 본 적 있는가? 어린 시절 놀부가 받았을 상처를 상상해 보면 이해가 된다.

원전 《흥부전》을 보면 놀부는 어릴 적부터 동네에서 소문난 심술 꾸러기였다. 반면 흥부는 순하고 착했다. 부모님은 심성 고운 흥부를 몹시 사랑했다. 당연히 부모님은 놀부에게는 꾸지람을, 흥부에게는 칭찬을 했을 것이다. 놀부는 늘 동생과 비교당하면서 "흥부처럼 해봐라. 동생처럼 하면 얼마나 좋니!" 하는 잔소리를 들었을 것이다. 사고뭉치 놀부는 가족 안에서 소외감을 느꼈을 테고, 어차피 동생인 흥부보다 더 잘할 수 없으니 부모님의 관심을 끌기 위해 더 심술궂게 행동했을 것이다.

놀부는 동생 흥부가 태어나지 말았어야 한다고 생각했다. 동생이 태어남과 동시에 사랑도 빼앗기고 갑자기 천덕꾸러기가 된 놀부는 '동생이 사라져 버렸으면, 아니 죽어 버렸으면 좋겠다' 하고 빌었을 것이다. 그러면서 흥부에 대한 분노도 차곡차곡 쌓여 갔을 것이다.

이런 놀부 아닌 놀부가 되어가는 아이들이 우리 주변에도 많다. A아줌마는 세 살짜리 아기에게 "너는 다 컸으니"라는 말을 입버릇처럼 한다. 아이가 뭘 하든 "다 컸으니 혼자 해!"라고 하고, 업어 달라고 떼를 써도 "너는 다 커서 안 된다"고 한다. 그렇다. 이제 한 살인 둘째 동생에 비하면 컸다. 하지만 모든 것을 다 할 수 있을 만큼 크지 않았는데도 그렇게 대한다. 아이가 "왜요?" 하고 물으면 "동생 있잖아" 하고 짜증스럽게 말한다. 그 결과 첫째 아이는 엄마의 사랑을 동생에게 빼앗겼다고 생각한다. 자신에게 뭐든 해줄 수 없는 이유가 동생이기 때문이라고 여기기 때문이다. 물론 엄마가 손이 두 개, 등이 하나니 어쩔 수 없는 일이지만 자세한 이유는 설명해 주지 않고 그냥 "동생이 있으니 형은 양보해야 해"라고만 말한다면, 아이는 이해할 수 없을 것이다.

B아줌마는 어느 날 울상이 되어 찾아와서 이렇게 말했다. "정신과 치료를 받아봐야 하나 봐요." 첫째 아이가 너무 밉다는 거다. 요즘 따라 말도 안 듣고 아기처럼 떼를 쓰는데 이해가 되지 않는다는 거다. 둘째가 태어나기 전까지 그렇게 예쁘고 사랑스럽던 아이가 밉단다. 얼마 전에도 보건소에 다녀왔는데 첫째가 보건소 문앞에서 주사 맞기 싫다고 울고불고 하는 바람에 업고 있던 둘째도 예방 접종을 못 하고 그냥 돌아왔다고 한다. 얼마나 화가 나고 창피하던지 아이에게 난생 처음으로 심한 말까지 하게 됐다고 한다. "둘째는 등에서 울고, 첫째는 드러누워 저러는데 안 밉겠어요?" 속상하다는 눈빛이다. 하지만 그 첫째 아이는 아홉 살까지 외동으로 자라면서 부모의 지나친 관심과 사랑 속에 자랐었다. 주변 아줌마들이 초등학교 들어간 아이를 너무 아기처럼 대하는 거 아니냐고 걱정할 정도였다.

C아줌마는 첫째를 비교적 젊은 나이에 낳았다. 그래서 아이에게 쩔쩔매며 무엇도 모르고 키웠다. 살림을 하며, 아기를 돌보는 일은 쉽지 않았다. 3년이 지나 모든 것이 익숙해지고 안정되었을 무렵, 둘째가 태어났다. 첫째에게는 느껴 보지 못한 진한 모성이 느껴졌다. 이 아줌마는 첫째와 둘째를 바라보는 게 달랐다. 말투 역시 첫째에게는 딱딱하게 말하지만, 둘째에게는 살갑게 대했다. 그러면서 "정말 내리 사랑인가 봐요. 둘째가 어쩌면 그리 예쁜지? 그렇죠,

재는 뭘 해도 참 예뻐요!" 하는 게 아닌가?

위의 사례를 통해 볼 때, 시간이 흘러 성장했을 때 두 아이의 사이는 어떨까? 하나보다는 둘이 의지도 되고 좋을까?

부모가 한쪽을 편애하기 시작하면, 다른 한쪽은 분노가 쌓인다. '내리 사랑이니 뭐니' 하면서 둘째를 눈에 넣어도 아프지 않을 것 같은 얼굴로 바라보면 첫째에게는 미움이 생긴다. 흥부, 놀부도 그렇게 멀어지지 않았겠는가! 결국 부모가 자식 사이에서 사랑의 균형을 잘 잡지 못하면 둘 사이는 흥부 놀부 관계가 된다.

우리 집의 첫째와 둘째는 다섯 살 터울이다. 내 생각에 다섯 살 터울이면 첫째 아이도 큰 스트레스 없이 동생을 받아 줄 거라 생각했다. 유치원도 다니고, 친구도 있고, 놀이터에 데려가면 주변의 아이들과도 잘 놀 수 있는 나이이기 때문이다. 그렇다고 아이 입장에서 스트레스가 없는 것은 아니다. 그래서 둘째가 태어나기 전부터 같이 아기 때 앨범을 보면서 동생도 이렇게 태어나서 성장할 거라고 구체적으로 가르쳐 줬다. 그리고 둘째가 태어나서도 앨범을 같이 보면서 동생과 닮은 점 찾기 놀이를 했다. "아기 때 너랑 얼굴이 똑같지? 코도 똑같고, 입도 똑같고" 하면서 말이다. 첫째도 자신과 닮은 동생이 신기하고 예뻐 보였는지 동생 얼굴을 가만히 들여다보면서 "엄마, 웃는 것도 나랑 똑같지?" 하기 시작했다. 또 아기 때 엄마와 아빠가 얼마나 많이 업어 주고 안아 줬는지 이야기해 주면서 동생도 그렇게 해줘야 너처럼 씩씩한 아이가 될 수 있다고 가르쳐 줬다. 나 역시 첫째의 아기 때 사진을 보면서 그때의 감정이 새록새록 되살아났다. 사랑의 균형이 조금이라도 흔들리려 할 때마다 앨범을 펼쳤다. 사진 효과는 아이에게도 엄마에게도 좋다.

자녀편
깨알 Tip

1. 혼낸 후 바로 달래지 마라

아이가 잘못했을 때 혼낸 후 바로 안아주면서 달래지 마라. 혼자 반성할 시간도 주지 않고 바로 안아주면서 "다시는 그러지 마!" 하는 엄마들이 있다. 혼낼 때는 세상 무서운 얼굴을 하다가 갑자기 마음이 아파 그런지 모르겠지만 돌아서기도 전에 바로 안아주면서 달랜다. 그러면 아이는 혼란스럽다. 잠깐이라도 생각할 시간을 줘야 한다. 울고 있어 안쓰럽지만 스스로 울음을 그치고 올 때까지 기다려 줘도 늦지 않는다.

2. "엄마가 미안해"란 말을 남발하지 마라

아이에게 모든 걸 해주면서도 습관적으로 "엄마가 미안해"라고 말하는 엄마들이 있다. 아기가 배고파 울면 분유를 타러 가면서 "배고프구나. 엄마가 몰랐네. 미안해" 한다. 또 기저귀를 갈아 주면서 "똥을 쌌구나. 엄마가 몰랐네. 미안해" 한다. 아이가 커도 마찬가지다. 이런 집 아이들은 까다롭고, 짜증이 많으며, 자주 징징댄다. 학교 갈 때도 징징, 와서도 징징이다. 그러면 엄마는 이내 "그래! 엄마가 미안해. 오늘 학원 갔다 오면 맛있는 거 해줄게"라고 말하며 다독인다. 밖에 나와 아이들과 전화할 때도 "미안해. 엄마가 지금 밖이야" 한다. 세상에 뭐가 그리 미안한 것이 많은지 습관적으로 '미안해'를 남발한다. 뭘 해도 미안해 하는 엄마를 보면서 자란 아이가 다른 사람과 제대로 된 관계를 맺고 살겠는가!

3. 일기예보 같은 감정 기복을 다스려라

부모 중 한 사람이라도 일기예보처럼 알 수 없는 감정 기복을 보이는 사람이 있다면 아이는 눈치만 는다. 부모라면 자기감정은 다스릴 줄 알아야 한다.

4. 어릴 때 "안 돼"를 가르쳐라

어릴 때는 무조건 괜찮아 하다가 아이가 크면 한꺼번에 "안 돼"라고 말하지 마라. 절대 듣지 않는다. 어릴 때부터 안 되는 것은 확실히 가르쳐라. "아직 어리니깐 괜찮아요. 좀 크면 다 알아서 하겠죠" 하는데 나쁜 버릇은 빨리 몸에 배고 늦게까지 고쳐지지 않는다.

5. "이번만이야"라고 하지 마라

사는 데 예외가 없을 수는 없다. 하지만 때에 따라, 부모님의 편의에 따라 예외를 두면서 "이번만이야"를 하는 경우 아이는 혼란스럽다. '이렇게 하면 엄마가 된다고 하는구나' 하고 요령만 배운다.

6. 공부에 너무 목매지 마라

부모는 아이가 공부를 못할 경우 일방적으로 노력 부족이라 몰아세운다. 공부도 음악, 미술, 춤과 같이 재능이다. 노력 부족일 수도 있지만 재능이 없는 것일 수도 있다. 공부에만 목을 매면서 아이의 성적에 따라 집안 분위기까지 좌우되면 아이는 주눅 들어 자기 길을 찾을 수 없다.

7. 주도적으로 놀 시간을 줘라

아이들은 놀면서 규칙을 만들고 배운다. "어떻게 창의력을 키우나요?" 하고 묻는다면 아이에게 놀 시간을 많이 줘라. 그러면 알아서 놀이와 규칙을 만든다. '창의력'이란 이 과정에서 생겨난 생각하는 힘이다. 엄마들은 "나가도 놀 친구가 없어요"라고 한다. 그건 맞는 말이기도 하고 틀린 말이기도 하다. 며칠 놀이터에 나가면 정말 친구가 없다. 하지만 지속적으로 나가다 보면 자기처럼 학원을 한두 곳 다니는 친구가 있기 마련이다. 몇 번 나가 봐서 친구가 없다 판단하고 "놀 친구가 없으니 너도 학원가서 놀아!" 하는 것은 "절대 놀지 매"와 같다.

8. 아이를 쫓아다니면서 "위험해"라고 하지 마라

놀이터에 가면 미끄럼틀 앞에 서서 아이가 움직일 때마다 '위험해'를 연달아 하는 엄마가 있다. 이런 아줌마는 집에서도 아이에게 물 컵 하나를 손에 쥐어 주지 않는다. 바닥에 흘리니 안 되고, 떨어뜨리니 위험해서 안 된다. 물도 아이 입에다 넣어 준다. 아이들은 물 한 잔 심부름도 해보지 않고 성장한다. 위험하더라도 어느 정도까지는 아이가 판단하게 두어야 한다. 그래야 넘어지고 깨지면서 경험으로 알게 된다.

9. 존댓말을 가르친다고 혼자 존댓말하지 마라

우리 집 아이들이 유치원에 가서 제일 혼란스러워했던 것이 존댓말이다. 다른 집 아이들은 엄마에게 존댓말을 쓰지 않는다는 것을 안 것이다. 엄마가 최초의 스승이라면 쓰는 게 당연하지 않은가! 그런데도 존댓말을 가르치지 않는다. 엄마는 친구가 아니다. 친구 같은 엄마가 될 수는 있지만 친구와 동급은 아니다. 여기 한 술 더 떠서 아이는 반말을 하는데, 엄마 혼자 존댓말을 가르친다며 존댓말을 한다. 아이는 친구에게 말하듯 "이리 줘. 싫어. 안 먹어" 하는데 엄마는 "안 돼요. 먹어야 해요. 안 먹으면 엄마 화내요" 한다. 이렇게 한다고 아이가 존댓말을 쓸 것 같은가? 존댓말을 해야 하는 이유를 가르치고, 반말을 했을 때는 "이럴 때는 '했어요' 하는 거야." 하며 계속 수정해 줘야 한다.

10. 남편과 사소한 일로 자주 싸우지 마라

신혼도 아닌데 아직도 기 싸움하는 집들이 있다. 사소한 일에도 서로의 단점을 지적하며 싸움이 끊이지 않는다. 결국 옛날 옛적까지 거슬러 올라가 감정이 악화된다. 부모가 자주 싸우면 아이들은 불안의 그림자를 달고 살게 된다.

11. 아빠가 자주 혼내게 하지 마라

아빠가 무서운 집 아이들이 '문제아'가 되는 경우를 종종 본다. 이는 통계 자료나 심리학적으로 입증된 사실이다. 엄마들이여! 집에서 화내는 남편 하나 잡지 못해 아이들까지 피해를 보게 해서 되겠는가! 또 남편은 화내고 싶지 않은데 조장해서야 되겠는가! 극성맞은 남자 아이를 키우는 엄마들 중에 "이거 너 아빠한테

이를 거야!" 혹은 "저녁에 오시면 이야기할 거야!" 하고 벌을 미루는 경우가 있다. 아이는 아빠가 오길 바라지 않고, 아빠는 들어오면 화를 내야 한다. 때로는 매도 들어야 한다. 그럼 둘 사이가 어떻게 발전하겠는가! 제발이지 그렇게 하지 말길 바란다. 아이 하나도 혼내지 못해 아빠에게 미루는 엄마는 무능력하다. 또 아빠는 아빠대로 아이들 마음속에서 설 자리를 잃게 된다. 무능력 엄마와 버럭 아빠 사이에서 아이가 쉴 곳은 어디겠는가! 벌을 주더라도 엄마가 줘라. 엄마는 같이 있을 시간도 많고, 혼낸다고 감정이 쌓이지 않는다. 풀 시간이 많기 때문이다. 그런데 아빠는 그럴 시간이 없다. 좋은 아빠로 있다가 청소년기에 진짜 힘들 게 할 때 한 번 쓰는 조커 카드면 족하다.

12. 절대 지고 오지 말라고 가르치지 마라

아이들끼리 싸웠다. 집에 온 아이에게 "싸우면 절대 지지 말라"고 가르치는 엄마를 종종 본다. 지면 속상한 것은 사실이다. 하지만 그렇다고 지지 말라고만 가르치면 아이는 피곤하다. 한 술 더 떠서 주먹이 오간 경우 병원비 물어 주는 한이 있어도 맞고 오지 말라고 가르친다. 이렇게 가르친 아이 치고 친구와 사이좋게 지내는 경우를 보지 못했다. 사소한 일에도 그냥 넘어가지 않고 주먹다짐을 한다. 그냥 웃어넘길 줄도 알고 적당히 모른 척도 해줘야 하는데 그렇게 하지 못한다. 차라리 싸우지 않고 이기는 방법이 있다고 가르치는 게 현명하다.

13. 즉각적으로 사 주지 마라

자녀를 잘 키우고 싶다면 원하는 것을 바로, 무조건 들어주어선 안 된다. '그렇지,

맞아!' 하다가도 주변 친구들은 다 가진 걸 내 아이만 갖지 못한 듯 보이면 금세 마음을 허물고 마트로 달려간다. 아이들이 가지고 싶은 것이라면 빚을 내서라도 사 주고 싶은 게 부모 마음이지만 그건 아이들을 망치는 지름길이다. 기억하길 바란다. 인간은 자신의 욕구가 채워지기까지 시간이 걸릴수록, 그 시간을 인내하면서 견딜수록 만족도가 크다. 이를 심리학적인 용어로 '만족 지연'이라 한다. 기다림과 인내 속에 원하는 것을 얻었을 때 비로소 큰 만족을 얻는다. 또한 그 기억은 두고두고 고마움으로 남는다.

아줌마는 결혼했다고 되는 것이 아니라
자기를 잃었을 때 된다

400년쯤
산다면
모를까?

　우리 인생이 다 그렇듯 10대에서 20대 초반까지는 부모님 마음
에 드는 딸이 되기 위해 열심히 공부한다. 학창 시절을 보낸 후엔
회사에 취직을 하고, 좋은 인연 만나 결혼하고 아이도 낳아 키우고,
그렇게 육아에 남편 뒷바라지에 집안을 열심히 돌보다 뒤를 돌아
보면 30대와 40대 어디쯤이다. 그즈음 남편은 외도를 하고, 그 사실
을 알고 상처 입은 많은 아줌마들은 여전히 아내와 엄마를 오간다.

인생의 반을 남을 위해 허비하고, 남의 비위를 맞추며 살았다. 남의 행복만 부러워하고 사랑한 삶이었다. 미움과 증오 또 반복되는 사랑, 결국 그것도 포기하고 보니 인생의 거의 절반이 흘렀다. '100세 시대'라고는 하지만 에너지 있게 움직이며, 원하는 대로 하고, 또 먹으며, 여행도 하고 할 진짜 시간은 얼마나 된다고 생각하는가?

인기 드라마 〈별에서 온 그대〉의 도민준처럼 400년쯤 살 수 있다면 그렇게 살아도 된다. 거기에 한 술 더 떠 앞으로 몇 년은 더 남편 뒷조사와 핸드폰 뒤지기로 밤잠을 설쳐도 된다. 거기서 나온 쓰레기 같은 문자며 카톡, 밴드에 올라온 글 때문에 괴로워 죽고 싶어도 된다. 잠시 내 인생은 버려두어도 시간이 많으니 괜찮다. 뒤돌아서 정신이 들면 내가 무엇 때문에 그 시간을 버렸지 후회해도 350년쯤은 남으니 상관없다. 하지만 우리는 별에서 온 그대가 아니다. 뒤돌아보면 늙어 있다.

나만을 위한 여행을 떠나 본 적도 없이

나만의 독서 목록을 가지고 책 한 권 제대로 읽어 볼 여유 없이

나만의 꿈의 목록을 만들어 지워 가는 재미를 느껴 본 적도 없이

내가 어떤 사람이었는지

어떤 꿈을 가진 사람이었는지

내가 또 어디를 가고 싶었는지

다 잊은 채 말이다.

원래 당신의 꿈은 무엇이었는가?

한 사람에게 사랑받기 위해 몸부림치는 아줌마였는가! 잡아 놓은 물고기가 어항에서 마구 움직인다고 그걸 지키기 위해 온 시간을 허비하는 것도 모자라 상상의 나래를 피며 천국과 지옥을 오가는 삼류 드라마의 조연이었는가!

그게 아니라면 이제는 훌훌 털고 당신에게 주어진 시간을 살자. 엄마와 아내로 꼭 살아야 하는 절대적인 시간 빼고, 그 나머지는 자신의 인생을 고민하며 살자. 당장은 답을 주지 않겠지만 후에는 '님바라기' 하느라 조연으로 산 사람과 '나바라기' 하며 주연으로 산 삶의 차이는 시간이 흐를수록 뚜렷해진다.

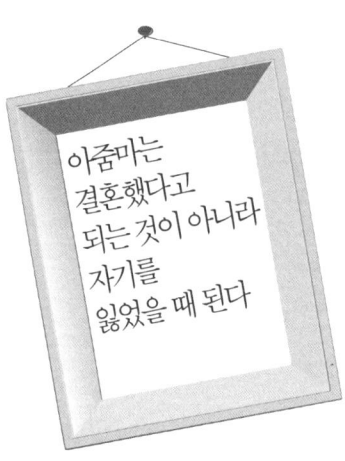

아줌마는
결혼했다고
되는 것이 아니라
자기를
잃었을 때 된다

아가씨 때는 내가 누구인지 뭘 해야 잘 살 수 있는지, 나의 희망과 직업을 연결시키려면 어떡해야 하는지 등 구체적으로 고민한다. 이런 고민들은 버겁지만 그 덕에 나를 만들어 간다. 그리고 앞으로 나아가게 한다. 하지만 아줌마는 결혼과 동시에 한시름 놓는다. 경제적인 부분을 해결해 주거나 나눌 남편이 생겨 치열한 경쟁 사회에서 한 걸음 물러나도 된다. 그러자 자신에 대한 구체적인 고민도 잊는다. 남편과 아이에게 집중하면 된다. 고민이 사라지면 진짜 아줌마만 남는데도 "저는 그게 편해요" 한다.

아줌마들 모임에 가면 이야기가 넘쳐 난다. 어제 만나고 오늘 만나도 할 얘기들이 얼마나 많은지 끝이 없다. 이야기의 대부분은 다른 사람에 대한 것이다. 남편, 시어머니, 시누이, 옆집, 뒷집 등 그들의 심리까지 꿰뚫어 보면서 "내가 그 속을 빤히 알지!", "그거야 뻔하지!" 한다. 모두 다른 사람에 대해서는 전문가 같다.

하지만 정작 아줌마 자신에 대해 말하는 사람은 별로 없다. 잘 알고 있는 사람도 드물다. 남 속은 잘도 꿰뚫어 보면서 자신은 뭐가 좋은지 싫은지, 내가 누구인지 모른다. 결혼하기 전을 떠올려 보라. "나는 어떤 사람이 되고 싶어" 하면서 삶의 롤 모델을 찾고 방향을 정하며 그 길을 가려고 애썼다. 다른 사람의 삶에 집중할 때는 자신과 삶의 방향이 같거나 같기를 바랄 때이다. 하지만 결혼 후에는 전혀 다르다. 그저 내 주변의 다른 사람 삶에 집중하면서 자신의 문제를 잊거나 회피하려고만 한다. 그러다 보니 삶이 실타래처럼 꼬여 어디서부터 '나'를 시작해야 하는지 모른다. 그리고는 '나 예전에는 꽤 괜찮았는데…' 하며 왕년에 타령이다.

〈코미디 빅리그〉라는 개그 프로그램의 한 코너 '10년째 연애 중'에 보면 10년 전 그녀와 10년 후 그녀는 전혀 다른 사람이 되어 있다. 자기 관리 잘하며 애교 많고 수줍어하던 그녀는 "뿅" 하고 사라지고, 뚱뚱하고 먹성 좋고 편하게 사는 그녀가 "뿌이 뿌이" 하고 나온다.

혹 아줌마 당신도 '10년 후 그녀'는 아닌지? 결혼, 절대 끝이 아니다. 또 다른 시작이다. 결혼식장에 들어설 때는 이 사람과 함께라면 정말 행복하겠다 싶겠지만 실제 그런가! 나를 잃고는 그런 행복이 없다. 행복하려면 결혼식장에 들어갈 때 같이 들어간 10년 전 그녀가 있어야 한다. 출산과 육아로 지쳤겠지만 서서히 나를 고민하며 그녀로 돌아가야 한다. 그것은 '내가 누구인지, 뭘 하고 싶은지?' 삶의 방향을 고민하면서부터 시작된다.

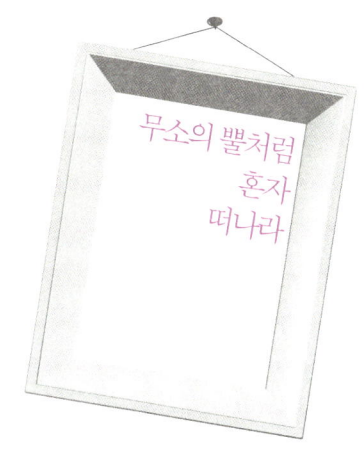

무소의 뿔처럼
혼자
떠나라

아줌마들에게 배낭 하나 짊어지고 떠나 보라 권하면 "혼자서 어디 가 본 적이 없어서요, 아이들 밥 때문에 어디 가겠어요, 남편이 싫어해요, 당장은 아니지만 조만간 혹은 언젠가…" 한다. "여행을 왜 혼자 가나요? 외롭지 않나요?" 하고 되묻기도 한다. 혼자 떠나면 정말 외롭다. 하지만 외롭기 위해 혼자 가야 한다. 혼자 떠나 보면 새롭게 세상을 바라볼 수 있다. 그동안 눈에 들어오지 않던 것들이 보이고, 외로움 때문에 나에게만 집중할 수 있다. 혼자서 내 안의 나와 끊임없이 이야기도 나눌 수 있다. 이야기 상대라고는 나뿐일 때가 많다. 혹은 나처럼 뭔가의 고민을 가지고 길을 나선 사람들도 만나게 된다. 길 위에서 만난 사람들과 사는 이야기를 나누다 보면 내가 가진 고민이 너무 작은 것처럼 느껴진다. 때로는 걷다 보면, 그저 길의 끝 목적지에 다다르고 싶은 생각밖에는 아무 생각도 나지 않는 경험을 하게 된다. 그저 쉬고 싶고, 물 한 잔 먹고 싶고, 배고프고, 다리 아파 눕고 싶다는 기본적인 욕구에 충실해지는 경험 말이다. 그렇게 며칠을 있다 보면 고민에서 벗어나게 된다. 어차피 고민의 대부분은 시간이 해결해 주는 것들이 많다. 욕심 부리지 않고 두 손 펴고 있으면 해결되는데, 그 중심에 있으면 그러기가 쉽지 않다.

처음은 뭐든지 두렵다. 막상 떠나려는 순간까지 두려움이 너무 커서 그만둘까 생각하기도 한다. 그러나 그 순간만 넘기고 떠나면 된다. 여행지에 도착해서도 또 하루 이틀 동안은 '혹시 누가 나를 해치지는 않을까?' 하는 걱정에 가방 하나 내려놓기 겁난다. 그런데 시간이 가면서 사람 사는 데 다 똑같다는 생각을 하게 된다. 그리고 해방감이 든다.

최소 일주일 이상 다녀와야 집에 남아 있는 사람들이 아줌마의 빈자리를 느낄 수 있다. 처음이라 두렵겠지만 혼자 떠나 보라. 남편의 외도 때문에 힘들다면 마음을 정리하기 위해서라도 떠날 필요가 있다. 해외가 힘들다면 제주 올레길을 추천한다. 혼자 걸으며 많은 것을 정리하고 오기 참 좋은 곳이다. 혼자 걷는 여러 사람들도 만날 수 있다. 그리고 걸으면서 계속 떠들어라. 자신도 모르는 사이 "그래도 어떻게 그럴 수 있지. 어쩌면 감쪽같이 나를 속여" 하는 말이 나오거든 "이제 그만 하자. 과거야. 다 지나갔어!" 하게 된다. 계속 그렇게 혼자 주고받다 보면 '상처로 고통 받는 나'와 '이제 됐다. 홀홀 털고 일어나라고 다독이는 나'를 만날 수 있게 된다. 출구가 필요하다. 마음끼리 대화하다 보면 상처가 조금씩 치유된다. 당장 떠날 수 없다면 공원을 걸으면서라도 마음끼리 대화를 시도해 보자.

상처는 상처를 준 사람이 치료해 줘야 한다는 생각을 하기 쉽다. 하지만 길을 가다 넘어졌다고 울면서 땅보고, 돌멩이보고 치료해 달라고 떼쓰지 않는다. 낫도록 스스로 소독하고 약을 바르며 살핀다. 마음도 그와 같다. 마음에 난 상처는 겉으로 보이지 않기 때문에 남이 치료해 줄 수 없다. 자기만이 치유할 수 있다. 혼자 떠날 용기가 있다면 반은 치유에 성공한 것이다.

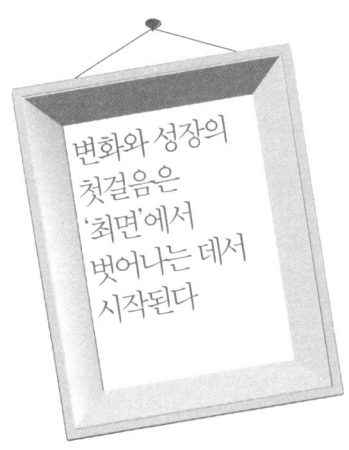
변화와 성장의
첫걸음은
'최면'에서
벗어나는 데서
시작된다

많은 아줌마들이 "변화와 성장이라구요? 그건 삶의 조건이 맞는 다른 사람들의 이야기에요"라고 말한다. 그렇다면 자기 최면에 대해 생각해 보자. 어떤 심리학자가 고양이를 길렀다. 그런데 이 고양이는 뭔가 달랐다. 유심히 보니 집에 있는 개와 같은 행동을 하고 있었다. 고양이는 커 갈수록 더 개처럼 행동하고 앉아 있는 모습도 바뀌었다. 울지 않고 짖으려 했으며, 먹이도 고양이 사료는 거부하고 개 사료를 줘야 먹었다.

그런데 더 웃긴 것은 고양이를 데리고 산책을 나가면 동네 개들까지 그 고양이를 보면서 머뭇거렸다. 보통의 개들은 고양이를 보자마자 달려드는데, 그 고양이를 보면 멈칫하다가 곧 다른 개들 대하듯 했다. 그 심리학자가 말하길, 고양이는 '자기가 개'라는 최면에 빠졌고, 그렇게 믿자 다른 개들 역시 같은 최면에 빠졌다는 것이다. 이처럼 자기 최면은 중요하다.

그런데도 결혼과 동시에 '집=사람'이라는 자기 최면에 빠져 "나는 아내고, 엄마며, 아줌마다"라고 늘어놓으며 자기 자신을 한정된 틀에 가둔다. 누가 강요하기도 전에 목에 줄찬 것처럼 족쇄를 채운다. 아이들 키우는 것만으로도 찌들어 아무것도 할 수 없다 한다. 직장생활까지 병행하고 있다면 시간에 쪼들려 다른 생각할 겨를이 없다고 한다. 지금 조건에서는 멋진 아줌마가 되는 건 꿈조차 꿀 수 없으니 '나중에' 하고 변명한다.

잘못된 자기 최면에 빠지면 삶의 조건을 운운하며 변명하게 된다. 좋은 조건이 아니더라도 고양이처럼 철저히 자기 최면에 걸린다면 변화와 성장을 꿈꿀 수 있다. 멋진 롤 모델을 정해 기본적인 생활 태도부터 먹고 입고 마시는 것까지 그런 것처럼 흉내 내고 상상하자. 그렇게 노력하고 행동하면 처음에는 억지스러운 자기 최면이지만 점점 사실로 굳어진다. 자신은 변할 테고 다른 사람들도 서서히 스펀지에 물 스미듯 그렇게 믿게 된다.

주변에서 매력적인 아줌마를 만난다면 잘 관찰해 보라. 뭔가 있는 것 같고, 같이 이야기를 해보고 싶은 독특함이 있다. 따져보면 눈, 코, 입 뭐 하나 더 달린 게 없는데, 자연스럽게 퍼지는 에너지와 카리스마가 있다. 그런 아줌마들은 자신을 끔찍이 사랑한다. 인생의 초점도 가족과 더불어 자신이다. 내가 행복해야 내 주변도 행복하다는 삶의 전제도 있다. 어김없이 '나는 멋진 사람'이라는 자기최면에 빠져 있다. 무의식적으로 자신은 강하고 건강한 사람이라는 흐트러짐 없는 그림을 가지고 산다.

《습관의 힘》의 저자 찰스 두히그Charles Duhigg는 어린 시절 서커스 구경을 갔다가 뒷마당에 있는 커다란 코끼리를 보고 "왜 도망치지 않는가?" 하는 이상한 생각이 들었다고 한다. 코끼리를 묶고 있는 족쇄는 작은 나무기둥이어서 조금만 힘을 줘도 금방 뽑힐 수 있을 것 같았다. 조련사의 답은 간단했다. "아기 코끼리 때 족쇄를 채워 커다란 쇠기둥에 묶어 놓았죠. 아기 코끼리는 매일 도망치기 위해 몸부림을 치다 어느 순간 포기했어요!" 스스로 정한 한계에 빠져 넘을 수 없는 산이 된 것이다. 그러면 지금과 같이 작은 나무기둥에 묶어 놓아도 도망칠 생각조차 하지 못한다.

여기서 '커다란 쇠기둥'은 아줌마에게 씌워진 사회적 틀과도 같다. "무릇 결혼한 여자는 이래야 한다"는 통념 말이다. 처음에는 "엄마처럼 살지 않을 거야!" 하며 좌충우돌한다. 그러다 지치면 살던 대로 살게 된다. 작은 나무기둥에 묶이고도 쇠기둥에 묶였다 생각하게 된다.

사람들은 모두 알게 모르게 자기 최면에 빠져 있다. 어떤 사람은 한정된 틀로 세상을 보고 거기에 자신을 가둔다. 다른 어떤 사람은 이런 틀은 누가 정해 두었느냐며 동의할 수 없으니 자신의 틀로 다시 시작하겠다며 한정된 틀을 박차고 나간다. 변화와 성장은 한정된 틀, 잘못된 자기 최면을 깨는 데서부터 시작한다.

　당신 말고 그 누구도 본인의 인생을 바꿔 줄 수 없다. 나만이 할 수 있다. 고양이로 태어났지만 자신의 롤 모델을 정해 다른 삶을 선택하는 것도, 세상에서 가장 힘센 코끼리로 태어났지만 작은 나무기둥에 매어 사는 것도 따지고 보면 모두 각자의 선택이다. 자기가 사는 세상은 오로지 내가 선택하고 내가 만들어 간다. 지금 묶인 끈을 풀자. 변화와 성장은 더디지만 내가 변하면 모든 것이 변한다.

변화를 만드는 습관 1 :
내 안의
부정적인
목소리 끄기

"변화하고 싶지만 저는 잘 안 돼요. 많은 노력을 해봤지만 곧 시들해져요" 하고 말하는 아줌마들을 본다. 왜 변화하려고 노력하는데도 제자리로 돌아오는 걸까? 그것은 내면 가장 깊은 곳에 숨어 사는 부정적인 자아 목소리 때문이다. 자아 이미지는 한 번 완성되면 좀처럼 바뀌지 않는다. 자아 이미지는 태어나면서 겪게 되는 무수한 경험들이 차곡차곡 쌓여 만들어진다. 성공과 실패, 모욕감과 승

리감 등 개인적인 기록과 감정이 뒤범벅되어 완성되는 것이다. 이처럼 오랜 시간 축적되어 내면의 긍정적 자아와 부정적 자아가 형성된다. 그중에서 부정적인 자아가 변화를 가로막는다.

스스로를 한 번 관찰해 보라. 부정적 자아는 말을 걸기 시작한다. 거울을 지나쳐 갔다 치자. 그 순간, 자신도 모르는 사이 단점을 떠올리게 한다. '처진 엉덩이 어쩔 거야? 엉덩이가 땅에 닿을 기세야.' '피부에 기미 올라오는 것 좀 봐. 슬슬 검버섯 피네. 쯧쯧 너무 늙었어.' '와우, 살 찐 돼지!' 입 밖으로 말하고 있지는 않지만 생각 속에서 끊임없이 불쾌한 이미지를 보여 준다.

외출하려고 거울 앞에 서면 '완전 안 어울려. 촌스러움의 극치야!' '뭔가 이상하지 않아?' '옷 사이로 삐져나오는 살 어쩔 거야. 당장 벗는 게 낫겠어. 사람들의 수군대는 소리가 벌써 들려! 이런 옷은 날씬한 사람들이나 입는 것이란 생각 안 해봤어?' '아무리 봐도 종아리가 코끼리 같아. 이건 민폐야!' '똥배가 장난 아닌데, 아무래도 박스형 옷으로 갈아입어. 최소한 뱃살은 가려야 할 것 아니야!'라고 끊임없이 내면에서 부정적인 목소리가 들린다. 그 결과 없던 열등감까지 생긴다. 내 안의 열등감이 생기고 나면 부정적 자아는 남과의 비교를 통해 더 과감하게 굳히기에 들어간다. 열등감에 빠지게 하기 가장 좋은 방법은 남과 비교하는 것이다. 자신을 평가절하하기 딱 좋다.

열등감에 빠지는 원인은 남이 나보다 낫다는 생각에서 비롯된다. 의학 박사이자 성형외과 의사인 맥스웰 몰츠Maxwell Maltz는 그의 저서 《성공의 법칙》에서 열등감과 우월감은 동전의 양면과 같다고 말한다. 해결책은 동전 그 자체가 '가짜'라는 사실을 깨달으면 된다고 말한다. 신은 표준적인 인간을 창조하지 않았기 때문에 그 누구도 같을 수 없다. 다르기 때문에 세상은 조화롭다. 다름을 인정하면 열등감에 빠질 이유가 없다.

그러나 자신을 누군가에게, 누군가를 자신에게 끼워 맞추려 하는 순간 열등감은 그림자가 되어 따라붙는다. 부정적 자아는 자기 최면을 이용하기도 한다. "나는 원래 'NO'라는 말 못해", "나는 소극적인 사람이야", "나는 원래 비만 체질이야", "나는 뭘 해도 끝이 안 좋아. 그러니 시도조차 안 하는 게 나아" 같은 최면을 건다. 누군가 던진 부정적인 말들을 흡수하였다가 그대로 말하게 한다. 그리고 '그게 바로 나'라는 결론에 이르게 한다.

부정적 자아는 이런 방법으로 뭔가 새로운 시도와 변화를 하려할 때 주저앉힌다. 이런저런 근거들을 대며 한계를 지어 "나는 할 수 없어"라고 말하게 만든다. 부정적 자아는 완벽한 자격지심과 열등감에 빠뜨려 현상 유지나 하며 사는 것을 다행으로 알게 만든다.

자기 소리에 귀를 기울여 보자. 그러기 위해서는 관찰이 필요하다. 어느 때 말을 거는지도 알아내자. 주의 깊게 생각해 보기 전까지 좀처럼 모습을 드러내지 않는다. 찾아내지 않으면 있는 줄도 모른다. 그저 들릴 듯 말 듯한 소리로 속삭이기 때문이다. 그러나 그냥 두면 기정사실로 굳어져 서서히 자신감을 잃어버리게 한다. 당장 무슨 말을 하고 있는지 찾아라. 하루 종일 내면의 소리를 들으려고 노력해 봐라. '내가 혼자 무슨 말을 한다고?' 하겠지만 곧 알게 된다. 그 결과 변화하려 할 때마다 주저앉게 되는 이유를 발견할 수 있게 된다.

변화하기 위해서는 부정적인 소리와 이미지를 찾아 '그렇지 않아. 예전에 그런 적은 있었지만 난 달라졌어. 달라질 거고!' 하면서 부정해 가야 한다. 의식적으로 긍정의 말을 해주자. '괜찮아. 괜찮다고!' 그렇게 하다 보면 정말 괜찮아진다.

혹 변화를 하려다 실패한다 해도 또 시도하면 된다. '거 봐, 내가 그렇지 뭐!' 하고 속삭이는 부정적 소리를 끄고, '이번 실패를 거울삼아 더 잘할 수 있게 될 거야!' 하고 툭 털고 일어나 다음 단계로 가자.

> "그들의 기준에 '나'를 비교하려 들지 마라. '나'는 '그들'이 아니며 결코 비교할 수 없다. '그들'은 '나'를 평가할 수 없으며 결코 그래서도 안 된다… 다른 사람에 대해 우월감을 느끼지 말아야 하며 열등감을 허용해서도 안 된다."
>
> – 맥스웰 몰츠《성공의 법칙》중에서

나는 힘들었던 시절, '그 누구도 내 허락 없이 날 열등감에 빠지게 할 수 없다'는 주문을 되뇌었다. 벌써 꽤 오래전에 만든 주문이다. 이제 돌아보니 효과 만점이다. 지금 열등감 때문에 힘들다면 꼭 주문처럼 외워 보자.

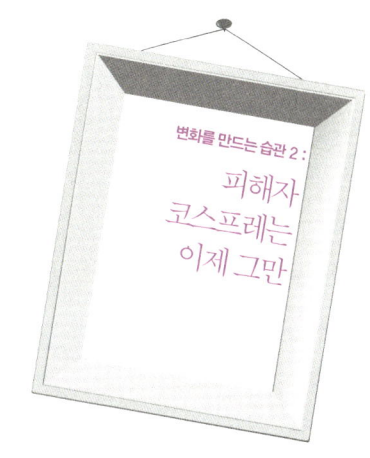

변화를 만드는 습관 2 :
**피해자
코스프레는
이제 그만**

　많은 아줌마들이 인정하고 싶지 않지만 자신을 피해자라고 생각
해 늘 피해자 역할을 하면서 자신과 남을 괴롭힌다. 어린 시절, 가
정폭력(언어 포함)을 받았다든지, 살면서 가사노동을 많이 했다든
지, 동생을 돌보면서 살 수밖에 없었다든지, 딸이라 대우받지 못하
고 살았다든지, 맏딸이라 해보고 싶은 것 하나 못하고 동생에게 양
보하고 살았다든지 등 수없이 많은 피해자의 그림을 가슴 속에 담

고 산다. 그러다 보면 피해자 가면을 쓰게 된다.

A아줌마는 15년 결혼생활을 하고 이혼했다. 이혼하기 전까지 이 아줌마는 남편과 싸울 때면 어린 시절 부모에게서 사랑받지 못한 자신을 카드로 꺼내 내밀었다. "이렇게 하면 똑같은 상처를 받아" 하고 말이다. 신혼 초에는 그런대로 괜찮았다. 남편은 아내의 어린 시절을 보상해 주고 싶어 했다. 그런데 살면서 부부 사이가 나빠지 자 상황이 달라졌다. 남편은 아내의 친정 식구를 욕하기 시작했고 무시했다. 또 다른 싸움이 되었다. 그러다 보니 둘만의 문제가 친 정, 시댁 갈등으로까지 번졌다. 이 아줌마는 부모에게서 사랑받지 못한 채 늘 두려움에 떨었기 때문에 남편에게도 사랑받지 못한다 고 생각했다. 아줌마는 여전히 이혼의 책임이 자신을 사랑해 주지 않은 부모에게 있다고 생각한다.

B아줌마는 술만 마시면 꼭 과거로 돌아가 운다. 세 딸 중 맏딸인 이 아줌마는 다른 두 딸들에게는 관대했지만, 자신에게는 여러 이 유로 벌을 가했던 아버지에 대한 원망, 무섭게 몰아세우는 엄마에 대한 기억 등을 아주 상세하게 가지고 있다. 그래서 만취 상태가 되 면 그 이야기를 어김없이 꺼내 놓는다. 이 아줌마는 종종 현재를 가 로막는 일들을 과거와 연결시킨다.

C아줌마는 가난한 어린 시절을 떠올린다. 그 당시 제대로 배우 지 못해 현재 남편과 산다고 생각한다. 그때 부모님이 자기를 등한 시하지 않고 좀 더 가르쳤으면 훨씬 좋은 사람과 결혼했을 거고, 사

는 모습도 달랐을 거라 생각한다.

지금 당신은 피해자 가면을 쓰고 있지 않은가? 피해자 가면을 쓰고 불행의 이유를 찾고 있지는 않은가! 피해자 가면을 쓰면 현실을 외면하게 되고 변명만 하기 쉽다. 이 가면은 한 번 쓰게 되면 벗기 힘들다. 나중에는 벗어 던지고 싶어도 딱 달라붙어 떼어지지 않는다. 또한 피해자 가면을 쓰면 과격한 가해자가 되기 쉽다. 분노를 참지 못해 아이들과 주변 사람들에게 윽박을 지르며 신경질 부린다. 감정조절이 되지 않기 때문이다.

피해자 가면을 쓰면 힘든 일이 있을 때마다 원망의 대상 속으로 숨는다. 과거를 극복하려 하지 않고 현재 삶의 변명거리로 이용한다. 그러나 과거는 위로하면 할수록 왜곡되고 변형된다. 연민에 빠져 치유하려 들면 과거의 기억은 더 슬프게 각색된다. 과거는 고칠 수 있는 것이 아니다. 내가 아무리 생각하고 연민에 차 있어도 바뀌지 않는다. 아픈 과거는 이미 흘러가 버렸기 때문에 붙잡고 있어 봤자 도움이 되지 않는다. 앞에서 말했듯이 뇌는 상상과 현재를 구분하지 못한다. 연민에 찬 과거를 들쑤시고, 다시 떠올린다면 뇌는 그것을 현재로 받아들이고 같은 상황에 놓이게 한다. 절대 연민에 찬 과거를 잊기 바란다. 과거는 연민에 차서 치유해 줘야 할 무엇이 아니다. 과거는 돌아갈 수 없기 때문에 극복의 대상이다. 변화하기 위해서는 피해자 가면을 벗고 맨얼굴을 드러내라. 더 이상 과거 뒤로 숨지 말고 현재 있는 그대로 나를 바라보자.

변화를 만드는 습관 3 :
변명거리 안으로
숨지 않기

"이번에는 진짜야. 정말 변할거야! 예전에는 나도 괜찮았었다고!"
이렇게 평범한 아줌마로 늙기엔 억울하다.

　A아줌마는 굳은 결심을 하고 일단은 촌스러운 나부터 바꿔 보
려 한다. 그리고 쉽게 할 수 있는 것들의 목록도 적는다. 나를 위해
옷과 화장품, 책을 사고, 외출도 하고, 새로운 만남도 갖고, 문화생
활도 하며 운동을 즐긴다 등의 계획을 세운다. 그러고는 일단 옷을

사러 백화점에 간다. 그런데 생각했던 것보다 너무 비싸다. 내 옷을 사러 나갔는데 습관처럼 남편, 아이 옷만 눈에 들어온다. 아줌마는 가판대만 기웃거리다 '마음에 드는 게 없어' 하고 그냥 나온다. 이번에는 책을 사러 서점에 간다. 신간 코너부터 둘러보는데 무슨 책을 골라야 할지 도통 알 수가 없다. 인터넷 서점보다 비싼 것 같아 그냥 들어온다. 운동을 위해 회원권을 끊으러 간다. 헬스 코치가 회비는 얼마고 운동복과 런닝화도 따로 가져오라고 한다. 또 잊고 있던 친구들과 만나 재미있긴 한데 돈도 돈이고 집안 꼴이 엉망이다. 나갔다 오면 피곤해 잠깐 누웠다 일어난다는 게 벌써 저녁이다. 아줌마는 깜짝 놀라 급하게 집안일을 한다. 아줌마는 찜찜한 기분에 '이렇게 지출해도 되나?' 하는 고민에 빠진다. 나만을 위해 하는 지출이 생각보다 쉽지 않다. 또 남편이 쓰기만 하는 사치스러운 여자라 생각할 것 같고, 경제관념 없는 이기적인 여자라고 할 것 같다. 처음에는 이것저것 따지지 말고 '나를 위해' 해야지 했는데, 머릿속으로 다시 계산기가 돌아간다.

이쯤 되면 머릿속은 뒤죽박죽이다. 그러고는 이렇게 말한다. "진짜 내가 원하는 게 뭔지 모르겠어! 이런 과정이 정말 변화하는 과정일까? 이건 소비에 지나지 않잖아. 변화라는 것은 시간과 여유가 있을 때 조금씩 시작해도 늦지 않아!" 자신을 위한 투자와 변화를 멈춤, 만족하진 않지만 과거로 돌아가도 될 갖가지 변명들을 늘어놓고는 얼마 되지 않아 예전으로 돌아가 버린다. 그리고 지금은 변화보다는 안정이 필요한 시기라고 변명한다. 지금은 경제적으로나 시간적으로 여유가 없으니 아이들이 조금 크고 나서 그때 다시 시작하자고 스스로를 다독인다. 변화를 꿈꾸지만 주저앉아 어쩔 수 없다고, 내 주변을 둘러보라고, 아직은 때가 아니라고 말한다. 시간은 흐르고 그렇게 늙어 간다.

B아줌마는 고민한다. "변화를 어떻게 시작할까? 난 딱히 할 줄 아는 것도 없는데, 변화는 뭔가 의미 있고 거창한 게 아닐까? 좀 더 고차원적인 무엇이 있지 않을까?" 하면서 우울해 한다.

변화란 뭔가를 할 줄 알아야 하는 것이 아니다. 혼자 식당에 가서 밥 먹고 영화 본 적이 없는 아줌마는 그걸 시도하면 되고, 남편 없이 아이들을 데리고 나가 본 적이 없다면 그걸 시도하면 되고, 돈이 아까워 무거운 짐을 들고도 버스만 탔다면 과감히 택시를 잡아타면 되고, 아이들과 남편 용돈은 챙기면서 자기 용돈은 한 푼도 챙기지 않았다면 다달이 자기 용돈도 떼어 나만을 위한 지출을 시작하면 된다. 남편 출근할 때마다 얼굴을 살피며 '왜 그런 표정을 하고 나갔지?' 하고 하루 종일 마음 쓰던 감정은 버리고, 나가는 순간 잊어버리는 연습을 하면 된다. "양말, 속옷은 꼭 손으로 빨아야 해!" 하면서 두꺼워진 팔뚝을 보고 한숨짓는다면 과감히 세탁기에 집어넣으면 된다. "직장에서 돌아오면 쉬고 싶어!" 하면서도 가방만 내려놓고 팔을 걷어 붙였다면 잠시 소파에 눕는 여유를 가지면 된다. 늘 "내가 왜 이러고 살지?" 하면서도 하게 되는 어떤 일 하나를 바꿔 나가면 된다.

〈지식 채널e〉라는 프로그램에 보면 '그걸 바꿔 봐'라는 3분짜리 영상이 있다. 한 아줌마가 매일같이 짖어대는 개 때문에 신경이 너무 날카롭다. 어느 날, 이 아줌마는 개 끈이 너무 짧다는 것을 발견하고 늘려 준다. 끈을 길게 늘려 주자 개가 짖지 않는다. 그러자 집 안에 있던 새장에서 새 소리가 들린다. 아줌마는 기분이 좋아져 다림질을 하고, 남편은 다림질한 옷을 입고 출근한다. 회사에서 일도 잘 되고 아이에게도 너그러워져 아이는 아빠에게 마음을 연다는 내용으로 쭉 이어진다. 아주 사소한 행동 하나를 바꾸는 데서 변화가 시작된다는 내용이다. 이처럼 변화는 거창한 것에서 시작되지 않는다. 하나가 변하면 둘이 변하고 둘이 변하면 셋이 변한다. 도미노처럼 연쇄 반응을 일으켜 원하는 사람이 된다.

변화란 거창한 것, 돈과 시간이 많이 필요한 것이라는 변명을 집어치우고 시작하자. 아줌마의 인생에 변화는 선택이 아니라 필수다. 변화란 다른 존재가 되려고 애쓰는 것이 아니라 가장 '나다운 나'가 되기 위해 노력하는 것이다. 잊고 살았던 내 이름을 다시 세우는 일이다.

불평,
불만
잠재우기

아이들이 초등학교에 입학하고 나면 궁금한 것이 참 많아진다. 학교마다 차이는 있겠지만 청소, 급식, 행사 등으로 같은 반 아줌마들을 만날 기회가 많다. 그러면서 여러 이야기를 듣게 된다. 또한 사는 곳과 학원에 따라 아줌마들이 그룹으로 모인다. 이 그룹 중에 꼭 한 명씩은 선생님과 청소 당번의 문제점 같은 불평을 다른 엄마들에게 말한다. 처음이라 다들 어리둥절하고 뭐가 좋은 건지 나쁜 건지 모를 때 이 아줌마가 늘어놓는 불만과 불평은 주변 사람들을 끌어모은다. "정말?, 정말 그러네요!" 하게 한다. 불평은 전염성이 강하다.

둘째 아이를 입학시키고 두어 달만 급하게 해줄 일이 생겨 처음부터 학교 청소와 모임에 나가지 못했다. 그런데 아이가 "엄마, 청소에 와 주시면 안돼요? 저도 다른 친구들과 같이 놀고 싶어요"라고 했다. 이 시기는 엄마 모임이, 곧 아이 친구 모임이기 때문에 엄마가 모임에 끼지 않으면 아이도 소외된다. 그래서 억지로 시간을 맞춰 청소도 나가고 모임에도 갔다. 아줌마들끼리 '언니', '동생' 하며 꽤 가까워져 있었다. 늦게 들어가니 분위기 맞추기가 싫지 않았다. 그런데 한 아줌마가 지속적으로 학교, 선생님, 아이 중 누구, 아줌마 중 누구에 대한 불평을 늘어놓았다. 그렇게 불평할 일이 아닌데 무리에 껴 있으면 "맞아, 맞아" 하면서 동조하게 된다. 점점 거기에 모인 아줌마들도 비슷한 불평을 하기 시작했다. 마치 "우리는 그 사람들과 다르니 얼마나 괜찮은 사람들이 모인거야!" 하며 결속을 다지는 것 같았다. 불평 바이러스에 감염된 사람들은 모두 비딱한 시선으로 남을 보고 있었다. 결국 나는 아이에게 미안하지만 그 모임에서 나왔다. 초등학교 엄마들의 모임 이야기를 했지만 이밖에도 어느 모임에서나 불평하는 사람이 꼭 한 명은 있다. 별다른 불만 없이 모임에 와서 어울렸는데, 그 사람이 불평하기 시작하면 모든 게 달라진다.

불평하는 아줌마 근처에는 가지도 마라. 불평하기 시작하면 또 다른 불평이 꼬리를 문다. 그리고 쓸데없이 자신이 처한 상황과 환경, 모습까지 불평하게 된다. 불평하기 시작하면 '불평 상자' 속에 갇힌다. 좁은 상자 안에서 보면 사람도, 세상도 좁게 보이기 때문에 이해한다는 것이 쉽지 않다. 불평할 수밖에 없는 꺼리와 이유를 만든다. 한 부분만을 보고 전체인 것처럼 떠벌리는 아줌마를 곁에 두면 나와 다른 남이 이해되지 않을 뿐 아니라 같이 욕하게 된다. 이런 아줌마는 작은 일에도 쉽게 꺼리를 찾아 흥분하고 감정의 노예가 되어 자기 식대로 해석하고 섭섭해 한다. 그래서 현실보다 과장되고 왜곡된 이야기를 퍼뜨린다. 상자 속에 갇힌 사람은 자신이 상자 속에 있다는 사실조차 모른다.

불평하는 사람의 마음에는 '나는 아무 잘못이 없는데, 네가 문제야!'라는 심리가 숨어 있다. 남을 비난할 때 나는 죄가 없다고 생각하거나 있다 해도 아주 작은 것이기에 괜찮다고 생각한다. 내 죄가 가벼울수록 남을 비난하기 쉬워진다. 전적으로 남의 탓이라 한다. '불평 상자' 안에서 세상을 보면 모든 것이 불만스럽다. 주변을 둘러보라. 꼭 이런 아줌마 한 명쯤은 떠오를 것이다. 만약 그게 자신이라면 그 입을 다물 각오를 해라. 이는 가족과 시댁 관계에도 그대로 적용된다. 만약 '너도 문제지만 나도 문제야!'라는 생각을 한다면 결코 오래 불평할 수도, 비난할 수도 없을 것이다. 상자 속에 갇히지 말고 나의 모습을 떠올려 보자. "제가 시작하지도 않았는데 제가 문제라고요? 그 사람이 저한테 어떻게 했는지 아세요? 그 사람이 그만두지 않는데 불평하지 말라고요?" 하지 않도록 주의하자. 상자 밖으로 나오기 위해서는 먼저 누가 시작을 했는지가 그리 중요하지 않다. 자신을 위해 멈추라는 것이다. 상자 밖으로 나와야 내가 행복할 수 있고 변화할 수도 있다.

불평, 불만 잠재우기 Tip

내가 얼마나 많은 불평을 하며 지내는지 알아보기 위해서는 고무줄을 하나 준비해 오른손에 차 보라. 그리고 불평할 때마다 그 고무줄을 왼손으로 옮겨라. 또 불평을 할 만한 일이었는데 불평을 하지 않았다면 다시 오른손으로 옮겨라. 하루에도 수없이 오고 가는 고무줄을 보게 될 것이다. 당장 한 번 해보길 바란다. 자신이 버릇처럼 달고 사는 불평의 끈을 끊을 수 있을지도 모른다. 어떤 상황과 상관없이 불평에서 벗어날 때 상자 밖으로 나올 수 있고 모든 관계는 회복될 것이다. 이 방법은《불평 없이 살아보기》란 책에서 'No Complain!'이라고 적힌 팔찌를 독자에게 선물로 주며 해볼 것을 권한 방법이기도 하다.

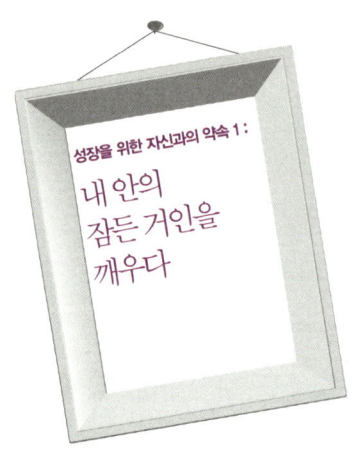

성장을 위한 자신과의 약속 1 :

내 안의
잠든 거인을
깨우다

아줌마들은 보다 나은 삶을 살기를 원한다. 그러면서도 '저런 삶은 나의 것이 아닐거야!' 하고 단념한다. 지금의 고통에서 벗어나고 싶어 하면서도 고통스러운 생각만 수없이 반복한다.

외도로 고통 받고 있는 아줌마는 남편이 다시 예전으로 돌아왔으면 좋겠다 말하면서도, 끊임없이 외도의 흔적들을 찾고 그것들을 곱씹으며 다신 예전처럼 살지 못할 거라고 말한다. 심지어는 있지도 않은 최악의 경우를 상상한다. 자신감이 없는 아줌마는 "내가 뭘 할 수 있겠어?", "이 나이에 나를 써주는 사람이나 있겠어?", "나는 그런 거 원래 잘 못해" 하면서 항상 뒷자리로 빠진다. 또 "내가 이렇게 말하면 남들이 날 어떻게 생각할까?", "내가 혹시 실수한 건 아닐까?", "날 싫어하지는 않을까?" 한다. 그리고는 상상 속 수많은 허수아비와 싸우다 지쳐 "난 원래 그래!"라고 실망 섞인 채 말한다. 누군가 주는 고통보다 자신이 만든 상상 속에서 고통 받는 경우가 더 많다. 아줌마들은 상상 속에서 자신을 실제보다 더 비참하고 열등하게 생각한다.

그에 반해 성공한 아줌마들의 인터뷰를 눈여겨보자. 그들은 이렇게 말한다. "저는 원래 적극적인 사람이에요, 지고는 못 사는 성격이죠! 뭐든 한 번 시작하면 끝을 봐요!" 하거나 "엄마가 원래 한 성격 하세요. 그래서 엄마처럼 되고 싶었어요!" 라든가 "오프라 윈프리처럼 되고 싶어요" 등 훌륭한 삶의 롤 모델을 가지고 있다. 모두 긍정적인 자아 이미지와 성공의 기억을 가진 사람이라는 것을 알게 될 것이다.

그렇다면 어떻게 긍정적인 자아 이미지를 가질 수 있는가! 계속 말하지만 뇌는 우리가 믿는 그대로를 사실로 받아들인다. 적절하고 현실적인 나의 이미지를 만들어 말하고, 생각하며 상상하라! 또 기억하고 그런 것처럼 행동하라! 그러면 뇌는 그것을 현실로 받아들이고 변화하기 시작한다. 내가 제일 좋아하는 책《성공의 법칙》의 저자 맥스웰 몰츠 박사는 자신이 원하는 삶을 살고 있는 사람들을 찾아 스크랩하고 철저히 연구해 마치 그 사람이 된 것처럼 행동하라고 조언한다.

성장을 위한 첫 걸음은 모방에서 시작된다. 멋진 아줌마가 되고 싶다면 오늘부터 롤 모델을 찾아보자. 그리고 거울 앞 혹은 싱크대 앞 곳곳에 붙여 놓고 자신의 모습을 대입시켜 상상하자. 모든 예술 장르도 모방에서 시작하여 자기만의 창조적 결과물을 얻는다. 삶도 마찬가지다. 내가 닮고 싶은 사람의 모습과 행동, 말, 느낌을 그대로 모방하다 보면 나와 어우러져 마침내 내가 찾는 사람이 된다.

성장을 위한 자신과의 약속 2 :
'남편 거울'
깨기

누구나 잘 아는 〈백설 공주〉 동화를 보면 왕비가 나온다. 또 왕비만큼이나 유명한 마법 거울도 나온다. 왕비와 마법 거울의 관계를 살펴보면 참 흥미롭다. 왕비는 매일 거울을 보면서 "거울아! 거울아! 이 세상에서 누가 제일 예쁘니?" 하고 묻는다. 처음에 거울은 '왕비님이요' 하다가 세월에 이기는 장사 없다고 어느 순간 젊은 백설 공주가 예쁘다고 말한다. 왕비는 그때부터 변하기 시작한다. 믿었던 마법 거울이 배신(?)을 하자 더 없이 불행해져 자신을 망가뜨리고 남까지 망가뜨리려 한다. 왕비는 왜 이렇게 되었을까?

첫째, '마법 거울'을 통해 자신을 봤기 때문이다. 자신에 대한 평가를 남, 곧 '마법 거울'에게 맡겼다. 만약 왕비가 자기 거울을 가졌다면 동화는 탄생하지 않았을 것이다.

아줌마들 중에 '마법 거울'을 가진 사람들이 많다. 일명 '남편 거울'이다. 이런 아줌마들은 남편의 반응을 보면서 자신을 평가한다. C아줌마는 "돼지야~" 하고 부르는 남편 때문에 속상하다. 그렇게 부르지 말라고 여러번 말했지만 남편은 알았다고만 하고 계속이다. 남편은 돼지를 애칭쯤으로 생각한다. 하지만 아줌마는 남편과 달리 꽤 심각해 살을 빼는 데 집착한다. 결혼 전 몸무게로 돌아가겠다며 하루 종일 운동을 하고, 각종 다이어트에 목을 맨다. 그러나 스트레스 때문인지 한 번 먹을 때 숟가락을 놓지 못한다. 과식을 하고 돌아서 후회한다. 그렇게 운동과 다이어트에 매달리지만 몸은 크게 변화가 없다. 어제 만났을 때는 지방 흡입을 심각하게 고민하고 있다고 말했다. 이 아줌마는 평소에도 성형 이야기를 자주 한다. "여기 좀 고칠까? 이렇게 하면 어떨 것 같아?" 하며 온갖 난리다. 그리고 끝에 가서는 "내가 나를 봐도 지겨운데 같이 사는 사람은 어떻겠어?" 한다. 주변에서 여전히 예쁘고, 그 정도의 몸매면 괜찮다고 아무리 말해도 믿지를 않는다. 오로지 '남편 거울'이 기준이다. '남편 거울'을 통해 자신을 보는 아줌마는 남편이 생각 없이 던지는 말에 상처 받고 자신을 평가한다. 또한 남편이 자신에게 관심을 갖고 애정을 보이면 기분이 하늘을 날고, 혹 바빠서 무관심하면 바닥을 치다 못해 우울 구덩이를 판다.

둘째, '마법 거울'을 통해 남을 보고, 자신을 비교했기 때문이다. '마법 거울'의 말만 믿고 딸 같은 소녀의 미모와 젊음을 질투의 대상으로 삼으면서 왕비는 망가져 간다. 백설 공주는 이제 피기 시작한 젊은 아름다움을 가졌다. 왕비가 아무리 아름답다 해도 젊음을 따라 잡을 수는 없었다.

D아줌마 남편은 텔레비전을 보면서 "저 아줌마 늙은 것 좀 봐. 예전에는 그렇게 예뻤는데. 이제는 텔레비전에 나오면 안 되겠다. 다른 채널 틀어!" 하면서 젊고 예쁜 연예인이 나오면 벌린 입을 다물지 못한다. 남편은 자기 늙은 건 생각 안 하고, 남 늙은 것만 보고 젊은 연예인들을 선호한다. 그러다 보니 아줌마의 기준도 젊은 것이다. 그래서 남편 몰래 정기적으로 보톡스를 맞는다. 또 어떤 아줌마는 남편이 긴 머리를 좋아한다고 짧은 커트 머리를 해보고 싶은데도 늘 기르고 다닌다.

만약 동화 속 왕비가 "거울아, 거울아~ 내 나이대 중에서 누가 제일 예쁘니?"라고 물어보았다면 답은 달라졌을 것이다. 동화에서도 나오지만 왕비는 백설 공주가 크기 전까지는 당대 최고의 미모를 지녔었다. 젊은 사람, 늙은 사람 통틀어 '이 세상에서'라고 하지 말고, '내 나이대'로 한정지었다면 백설 공주를 시기질투하지 않았을 것이다. 남인 '마법 거울'에게 물었기 때문에 자식이라고 해도 될 어린 것을 미모의 경쟁 상대로 삼고 자신의 원숙한 아름다움을 긍정할 기회를 잃었다. 여배우들 중에서도 늙을수록 빛이 나는 배우가 있는가 하면 젊음을 유지하기 위해 과하게 얼굴에 보톡스를 맞아 균형을 무너뜨린 배우들이 있다. 가는 세월을 막느라 의학의 힘을 빌려 보지만 결과는 안타깝기 그지없다. 대중의 시선을 먹고 산다는 것 자체가 '타인 거울'을 끌어안고 사는 것이니 그렇다.

쉴 새 없이 예전과 오늘을, 나와 남을 비교하고 있다면 돌아오는 것은 초라한 자신과 열등감뿐이다.

아줌마가 성장하기 위해서는 '마법 거울'이나 '남편 거울'이 아닌 자기 긍정의 거울이 필요하다. 자신의 매력에 넘어가는 거울 말이다. 아줌마가 되면 남들이 나를 예쁘다고 칭찬할 자리에 가기 쉽지 않다. 또한 아이를 키우면 예전 같지 않다. 당당하게 스스로 해줄 필요가 있다. 이제 타성에 젖은 거울을 깨자.

● ─── **자기 긍정의 거울을 만드는 Tip** ─── ●

침대 머리맡에 "거울아~ 거울아! 내가 제일 예쁘다" 하는 글귀를 써서 붙여 두라. 그리고 잠자기 전, 일어나자마자 세 번 이상씩 읽어 보라. 자기 거울의 시작이다. 나이 들수록 자기 거울은 절실하다. 장기간 자기 최면을 걸어 긍정 에너지를 만들어야 한다.

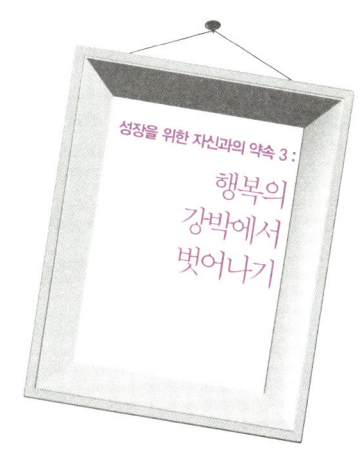

성장을 위한 자신과의 약속 3 :

행복의
강박에서
벗어나기

　　박신양 씨가 〈스타 특강쇼〉에 나와 이런 말을 한 적이 있다. "러시아 유학 시기에 너무 힘들고 배고픈 나날이 지속되었습니다. '왜 나는 불행할까?'라는 생각이 머릿속에서 떠나질 않았습니다. 우울하게 하루하루를 보내고 있는데, 나의 선생님이 이렇게 되물으셨습니다. '왜 삶이 꼭 행복해야 한다고 생각하지?' 이 말을 들은 후부터 저는 삶의 태도를 바꾸었습니다."

이렇듯 "왜 내가 불행한지 모르겠어요!"라고 말하는 아줌마들이 많다. 남편과 시댁, 그리고 아이들 때문에, 혹은 아무것도 하지 않고 있는 자신의 무기력함 때문에 괴로워한다. 하지만 "왜 행복해야 한다고만 생각하는가?"

사람들은 막연하게 행복이 마치 삶의 당연한 결과인 것처럼 생각한다. 그리고 순간순간 남의 행복과 나의 행복을 비교한다. 비교가 불행을 만든다. 삶은 핑크빛 판타지가 아니다. 온갖 우여곡절을 겪고 나서야 비로소 성숙해지고 행복이 무엇인지를 알게 된다. 성숙하지 않은 사람에게 행복한 삶이란 결코 있을 수 없다. 행복이란 드라마에 나오듯 과장되고 포장된 것이 아니다. 그저 성숙한 사람이 소소한 일상 속에서 느끼는 크고 작은 감정 덩어리다.

행복이란 아주 주관적이어서 같은 일을 놓고 어떤 사람은 "이만하니 다행이야!" 하고 행복해 할 수 있고, 다른 어떤 사람은 "어떻게 나에게만 이런 일이…" 하면서 불행에 빠질 수 있다. 선택은 전적으로 자신의 몫이며 그 사람의 성숙도에 달려 있다.

얼마 전 한 친구와 술자리를 할 기회가 있었다. 이 친구는 6년 전 이혼을 했고, 이혼하기 직전 시작한 일이 잘 되어 지금은 어엿한 사업체를 가지고 있다. 금전적으로 풍족하기에 수시로 해외여행도 다니면서 혼자만의 자유를 만끽하며 산다. 충분히 행복하다. 하지만 술만 마시면 자기 연민에 빠지고, 전 남편에 대한 불만을 토로한다. 더욱이 얼마나 힘들게 결혼생활을 하며 이혼을 결심했는지 푸념 섞인 과거 이야기를 늘어놓는다. 더 이상 대화가 아닌 일방적인 넋두리가 쉴 새 없이 쏟아져 나온다.

"나도 그렇게 쉽지는 않았어…" 하고 운을 띄우려 하면 자기의 아픔과 불행에는 미치지 못하는 거라 단언한다. 그러면서 또 자기 식으로 결론을 내린다. "너는 참 편하게 산다. 남편 잘 만나 떠나고 싶을 때 자유롭게 여행도 다니고, 아이들이 엄마 여행 간다고 밥도 해 먹고 말이지. 순한 남편 만나서, 아이들이 엄마 닮지 않고 아빠 닮아서…" 참 미칠 노릇이다. 이런 사람들의 특징은 누구나 당신과 같은 어려움을 겪는다는 사실을 인정하지 않는다.

아줌마라면 누구나 자지 않고 보채는 아이를 등에 업고 거리를 헤맨 적이 있을 것이다. 거기다 아이를 재우고 주방 구석에 조용히 앉아 소주 반 눈물 반 섞어 마시기도 해보고, 한 잔이라더니 한밤 지새고 온 남편 때문에 일기장에 욕도 가득 써 본 적이 있을 것이다. 더욱이 '나는 뭘까? 이렇게 무의미하게 살아도 되는 걸까?' 하고 혼잣말도 했을 것이다. 아기가 어릴 땐 서서 먹고, 화장실에 갈 때마저 안고 가야 하는 엄마들의 고초, 돌아서면 어질러 있고 그래서 치우고 나면 어느새 '내 인생이 왜 이렇게 됐을까?' 하고 신세한탄하게 된다. 화장실 변기 청소를 하면서 '누가 결혼을 아름답게 포장했어!' 하며 수없이 분노하고, '공부는 왜 그리 잘하라고 했는지? 밥하고 치우며 아기 돌보고, 늦는 남편 없는 셈 치고 사는 법이나 가르쳐 주지!' 하고 혼자 하소연을 해본다. 해가 바뀌어 새해가 찾아와도 딱히 계획이라고 세울 것이 없어 새 다이어리를 쥐고 한숨 쉰다. 남편과 그렇게 연애를 하고도 계속 나오는 나쁜 버릇에 자기 눈을 쥐어뜯고 싶어진다. 연애가 같음을 발견하는 거라면, 결혼생활은 다름을 발견하는 거라는 사실에 몸서리치고, 매년 4월이면 몸살처럼 앓던 봄의 꿈도 사라진 지 오래다. "꿈을 꾼들 뭐해. 다 남들 이야기인데…" 하며 절망스러운 시간을 보낸다.

왜 매번 자신만 불행하다고 생각하는가? 왜 조금만 아파도 견디지 못하고 불평하는가? 왜 자신이 가진 슬픔과 아픔이 가장 클 것이라 생각하는가? 또 자신의 불행을 넘어설 사람이 없을 거라 말하는가? 왜 마치 신이 태어나는 순간부터 핑크빛 인생이 기다리고 있다고 면죄부라도 준 것처럼 구는가? 혼자만 억울한 삶을 살고 있다 생각하는가? 이 세상의 모든 사람들이 크게 다르지 않은 강도의 아픔을 견디며 성숙해졌다는 것을 왜 모르는가! 그건 아직 성숙하지 못하기 때문이다. 삶의 아픈 굴곡 없이 행복은 기다리고 있을 거라는 유아적 감성에 머물러 있기 때문이다. 잠시 지나가는 불행에 대해 관대해져야 한다. 나이와 상관없이 성숙하지 않은 사람은 불행에 집착하게 되어 있다. 만약 지금 자신이 불행하다고 생각한다면 되물어보라. "왜 삶이 매 순간 행복해야 한다고 생각하지?"

이유 없는 행복이란 없다. 행복하기 위해서는 아파서 울어도 보고, 견뎌도 보며 내공을 쌓아야 한다. 제발 바라지만 마라. 행복에는 이유가 있다.

성장을 위한 자신과의 약속 4 :
잘했던 일만
기억하기

기혼 여성들은 회사 생활이 힘들어질 때쯤 결혼과 출산으로 회사를 그만둔다. 그리고 뭘 좀 다시 시작했다가도 오래 지속할 수 없다. 가사와 육아가 발목을 잡기 때문이다. 독하게 마음먹지 않고서는 엄마를 붙들고 우는 아이를 떼어 놓고 일하러 가기 쉽지 않다. 다행히 주변에 육아를 전적으로 도와줄 사람이 있다면 모를까 쉽지 않다.

그러다 보니 결혼 후 엄마가 되고 나서 성공의 기억보다 뭘 하려다 그만둔 실패의 기억이 많다. 새로운 일을 시작할 때 자신도 모르게 무의식적으로 '내가 끝까지 할 수 있을까? 난 뭘 하든 끝을 낸 게 없는데…' 하고 겁이 난다. 그래서 나이가 들수록 시작하는 것이 점점 두려워진다. 실패에 대한 두려움을 가지고 일을 시작하면 조금만 어려워도 그만둔다. 시도하기보다는 현상 유지에만 힘쓰는 사람으로 점점 바뀐다. 당연히 자존감은 떨어진다. 그렇기 때문에 오로지 남편에게만 매달려 살게 된다.

이제라도 무엇이든 잘해 보고 싶다면 성공의 기억만을 떠올려야 한다. 성공했던 기억만 집요하게 생각하는 것이다. 나 역시 처음 '성공의 기억'을 떠올리려고 하니 잘한 기억보다 잘하지 못했던 일밖에는 떠오르지 않았다. '무의식적으로 이런 생각을 하고 있었구나!' 깨닫고 나서 깜짝 놀랐다. 원래 사람은 잘한 것보다 아쉽게 끝난 무엇에 집착하는 법이다.

성공한 기억이 나지 않는 것은 성공한 적이 없어서가 아니라 그것을 생각하고 살지 않았기 때문이다. 많은 사람들이 성공을 거창한 것이라 오해하고 있지만 사실 성공이란 크기에 상관없이 끝까지 해낸 일 모두를 의미한다.

한번 기억을 꺼내 보라. 그리고 그때의 감정으로 돌아가 보라. 어린 시절 혼자 두발 자전거를 탄 일, 줄넘기, 졸업, 운전, 출산, 하다 못해 맛있는 밥을 짓게 된 첫 순간 등 수없이 많은 성공의 기억들이 있을 것이다. 자꾸 떠올리다 보면 기운이 난다. 기억하라. 내가 간절히 원하기만 하면, 그토록 내가 원하는 모습으로 충분히 성장할 수 있다.

내가 찾은 성공의 기억 중 가장 으뜸은 오토바이인데, 정확하게 말하면 50cc 중국산 스쿠터다. 모양만 예쁜 중국제는 툭하면 배터리가 방전되고, 시동 꺼짐은 물론 잔고장이 많아 애를 먹였다. 가다가도 멈추고, 갑자기 시동도 걸리지 않았다. 화가 난 나머지 중고로 팔아 버릴 마음으로 오토바이 가게에 가 보았다. 하지만 그때마다 '이제 그만두면 다시는 오토바이를 타지 못 할 거야. 그래 버티자!' 했다. 그렇게 1년을 참고 나니 그 다음부터는 술술 풀려 갔다. 뭐든 포기하지 않으면 될 거라는 믿음도 생겼다. 힘들 때마다 꺼내드는 성공의 카드다. 아무리 사소한 것이라도 잘하기 위해서는 여러 과정을 겪어야 한다. 그래야 제대로 할 수 있게 된다.

성공한 사람들이 하나같이 하는 이야기가 처음의 성공은 보잘것없는 거였다고 한다. 그러나 그 보잘것없는 성공이 현재의 자기를 만들었다고 자신 있게 말한다. 물론 밥 짓기나 스쿠터 길들이기, 줄넘기는 아니었을 테지만 어떤가! 부정적인 생각을 버리고 기운 낼 수 있는 거라면 뭐든 좋다.

내가 생각하는 나의 단점을 적어 내려가 보자. 그리고 장점도 적어 보자. 의외로 잘한다 생각되는 일이 적다는 것을 알 수 있다. 그런 후 단점은 지우고 위에서 말한 성공의 기억들을 끄집어 내자. 당장 떠오르지 않는다면 생각의 타임머신을 타고 과거로 돌아가 기억을 뒤지자. 기억이 났다면 그 일 중 하나의 상징적인 사건을 머릿속에 계속해서 떠올리자. 사진을 활용해(사진이 없다면 비슷한 사진을 인터넷에서 찾아서) 냉장고 한편에 붙여 놓자.

돌과 산호를 보면 둘은 상당히 유사해 보이지만 아주 다르다. 돌은 성장을 하지 않는다. 세월의 풍파에 작아지기만 한다. 그러나 산호는 돌처럼 보이지만 성장한다. 이것이 돌과 산호의 다른 점이다. 살아 있는 것은 성장하기 마련이다. 그래야 살아 있다고 말할 수 있다. 그렇다면 아줌마 당신은 성장하고 있는가?

아줌마는 빠르게 성장할 수가 없다. 사회적인 기준의 성장은 할 수 없을지도 모른다. '엄마'이고, '아내'이며, '며느리'이고, '나'이어야 하기 때문이다. 그럼에도 더디지만 한 걸음씩 나아가야 한다. 산호처럼 자라면 된다. 더딘 성장으로 돌처럼 보이지만 쉼 없이 자라 산호섬을 이루면 된다.

예를 들어, 하루에(혹은 일주일, 한 달) 한 가지씩 나만을 위해 내가 하고 싶은 일을 하자. 지금은 아무 일도 일어나지 않지만 쌓이고 쌓이면 무시할 수 없는 힘을 발휘하게 된다. 나의 글쓰기만 봐도 알 수 있다. 며칠에 한 번 글을 쓰고, 블로그에 올리기 시작했다. 글을 써야 했기에 남의 이야기에 귀를 기울이고, 책도 읽으며, 끝없는 수정과 삭제를 거듭해 나갔다. 그러다 보니 시간과 더불어 꽤 많은 글들이 쌓였다. 7-8년간 쓴 글을 바탕으로 한 권의 책이 되었다. 아이들 간식을 준비하고 요리하는 걸 좋아해 만들 때마다 사진을 찍어 올렸는데 반응이 좋아 책으로 엮고, 음식 관련 회사까지 차려 운영 중인 한 아줌마도 있다. DIY로 유명한 카페지기 역시 아줌마가 많다. 한 아줌마는 취미로 집 꾸미기를 하다가 방송까지 타고 하루 24시간이 모자라는 인테리어 전문가가 됐다. 또 뜨개질을 좋아해 아이들 옷과 자기 옷을 열심히 짜서 입다 보니 소문이 나 작은 가게를 열고, 그곳이 성공하자 다른 곳에 또 같은 가게를 열고, 그렇게 이어가다가 뜨개질 체인점 대표가 된 아줌마도 있다. 다른 사례로 슈거 크래프트sugar craft, 설탕 공예를 배워 아카데미를 세운 아줌마도 있다. 근래 만난 한 아줌마는 동화를 짓고 있다고 했다. 이 아줌마는 아이가 학교와 학원에 간 시간에 집안일을 해 두고, 짬짬이 삽화를 그리고 글을 쓰는 데 투자했다. 얼마 전 만났을 때 6개월 만에 한 권이 완성되었고, 지금은 다음 이야기 구상 중이라고 했다. 이렇게 수많은 아줌마들이 아이들을 키우면서도 자신의 취미를 살려 일을 만들고 성장한다. 지금 자신이 관심을 가지고 잘하는 일이 있다면 꾸준히 해 나가라. 뭐 그리 대단할까 싶겠지만 사소한 것들이 모여 성장의 밑거름이 된다. 아줌마는 단숨에 펄쩍 뛰어올라 눈에 보이는 성장을 할 수는 없지만 시간이 모이면 "어느 새 이만큼이나 왔네!" 하고 놀랄 일이 생긴다.

아줌마 당신은 살아 있는가, 죽어 있는가? 끊임없이 과거를 들추면서 자기 살만 깎아먹고 있지는 않은가! 과거의 잘못과 상처가 아닌 지금, 나에게 집중하고 있다면 당신은 성장하고 있다.

꿈의 목록 만들기 Tip

아주 사소한 것이라도 하고 싶었던 일, 해야 할 일을 적어 붙여 놓자. 그리고 하루에 한 번씩 읽어 내려가자. 그것은 우리의 잠재의식을 깨우는 행위다. 잠재의식(무의식)은 일단 저장되면 어떻게든 그것을 이루려고 애를 쓴다. 의식은 잠자는 순간같이 잠들지만 잠재의식은 잠들지 않는다.

예> 신문읽기 / 하루에 한 번씩 사진 찍고 이야기 쓰기 / 강아지 기르기

(죽을 때까지 기르면서 동물과 교감) / 월드비전에서 딸내미 찾아 지원하기
/ 봉사하기 / 영어회화 정복하기 / 집안일 줄이고 책읽기 / 주 1회 이상
도서관 가기 / 돈 쓸 때마다 머릿속으로 너무 계산하고 걱정하지 말기 /
일단 정해진 것에 힘 빼지 말기 / 스페인 여행 가기/ 올레길 완주하기 /
한 달에 두세 권 내 책 사기 등

꿈의 목록을 만드는 것부터 시작하자. 내가 해봐서 알지만 목
록 만드는 것도 쉽지 않다. 자꾸만 판단하게 된다. '이걸 할 수
있을까? 이건 불가능해 보이는데', '이건 너무 쉬운 거 아니야?
이걸 꿈의 목록이라 할 수 있나?' 등의 고민을 하다 보면 몇 줄
적지 못한다. 당장에 할 수 있는 시시한 것부터 적어 가자. 불가
능해 보이는 꿈도 적어 보자. 꿈은 꾸라고 있는 것이다.

성장을 위한 자신과의 약속 6 :

보상 습관
들이기

일본의 전설적인 운명학자이자 《운명을 만드는 절제의 성공학》
의 저자 미즈노 남보쿠에게 물었다.

Q : "사람의 인생은 정말 사주대로 흘러가나요?"

A : "그렇습니다. 80퍼센트는 타고 난 사주대로 흘러갑니다."

Q : "그럼 사주를 고칠 수는 없나요?"

A : "고칠 수 있습니다."

Q : "어떻게 고칠 수 있나요?"

A : "성격을 고치면 됩니다."

Q : "성격은 어떻게 고치나요?"

A : "습관을 고치면 됩니다."

사랑받고, 사랑하며 살고 싶은가? 그러면 습관을 고치길 바란다. 하녀처럼 일하는 습관과 아이들과 남편의 수족이 되어주는 습관을 고쳐라. 무엇보다 나에게 보상하지 않는 버릇을 고쳐라!

워킹맘은 육아와 집안일 말고도 하나의 짐, 곧 직장 일까지 겹쳐 하루가 어떻게 가는지 모를 만큼 바쁘게 지낸다. 남편은 직장에 다녀오면 소파에 눕지만, 아내는 그럴 수 없다. 다행히 요즘은 가사를 분담한다고 하지만 여전히 그렇지 않은 집들이 많다. 직장에서 돌아와 하녀처럼 무릎으로 기어다니며 쓸고 닦다가 아이의 숙제를 봐 주고, 아이가 잠들면 설거지를 한다. 전업주부도 마찬가지다. 오전에 잠깐 내 시간을 가질 수 있다는 장점을 빼고는 다르지 않다. 오히려 집에서 노는 사람이라는 생각 때문에 여기저기 불려 다닌다. 시댁에서도 종종 오라 한다. 남편은 혼자 버는 고통을 아느냐며 '집에서 편하게 사는 마누라'를 두고 도와주려 하지 않는다. 직장을 다니든 안 다니든 여자들은 남자들과 똑같이 치열하게 공부했지만 하녀로 산다. 피곤해 누웠다가도 아이와 남편이 "엄마, 여보, 뭐 좀 갖다 줘" 하고 부르면 습관처럼 벌떡 일어난다.

집안일이란 하자고 들면 하루 종일이고, 덜어내자면 한없이 가벼워질 수 있다. '꼭 어머니 밥상이어야 해!'란 환상을 버리고 힘들면 시켜 먹거나 나가서 먹어라. '반찬은 어머니 손맛'이라는 소리도 집어 치우고 사다 먹어라. '김치도 담가야 제 맛'이라는 생각을 버리고 주문하면 된다. 청소도 머리카락이 좀 굴러다니면 집어내 그것만 버리고 여유 있을 때 하면 된다. 습관처럼 하녀가 되어 일하면서 나는 신문 한 줄, 책 한 권 읽을 시간이 없네 하지 말자. 시간은 자신이 만드는 것이다.

보상(선물)도 습관이다. 부모님과 함께 있을 때는 적절한 보상이 주어졌다. 하지만 결혼 후 아줌마는 보상을 받는 사람이 아니라 주는 사람이 된다. 보상을 주는 사람이 되면서 자신을 보상할 여유는 없어진다. 시간이 지날수록 인색해진다. 경제적인 활동을 하든, 하지 않든 자신에게 보상한다는 것이 왠지 가족에게 미안하다. 아줌마가 되면 자신의 것을 사지 않는다. 우선순위에서 밀리다 못해 잊힌다. '돈이 없어서, 이번 달에 지출이 많으니…' 하고 체념한다. 가족을 위해서는 어떻게든 돈을 쪼개 지갑을 열지만 나를 위해서는 인색하다.

때로 나만을 위한 물건을 사고도 장롱 속에 감춰 둔다. 그러다 남편이 "당신 이거 샀어?" 하면 뜨끔하기까지 하다. 왜 그럴까? 그 이유는 자신이 생산자가 아니라는 생각 때문이다. 남편은 나가서 돈을 벌어야 하니 마땅한 옷이 필요하고, 자식들도 학교에 가니 옷이 필요한데, 정작 자신은 집에 있는 사람이니 아무거나 입어도 괜찮다고 생각한다. 자신을 생산자로 보는 아줌마들 역시 아이나 집안의 경제적 여유를 위한 생산자라 생각한다. 이들은 자신의 성장을 위해 일하기보다는 가정의 윤택함을 위해 일하다 보니 될 수 있는 한 절약이다.

다른 아줌마들에게 같이 운동하자고 권하면 거의 모두 비슷한 소리를 한다. "이번 달에 지출이 많아서, 이상하게 나한테 돈을 쓰는 건 아깝네!" 나이가 들수록 운동의 필요성은 절실한데, 선뜻 나를 위해 몇 만원을 지출하기가 쉽지 않다. 아들 태권도비는 다달이 10만 원씩 척척 내면서 한 달에 2-3만원하는 저렴한 헬스비는 아깝다.

심리학자이자 자기계발 전문가인 웨인 다이어Wayne Dyer가 쓴《행복한 이기주의자》란 책에서는 이렇게 말하고 있다. "자기 자신에게 필요한 물건을 사는 데 인색한 사람이 있다. 이들은 돈이 없다고 말을 하지만, 실제로는 자기에게 돈을 쓸 필요가 없다고 생각한다. 더욱이 희생이 필요하지 않은 상황인데도 자신이 아닌 다른 사람을 위해 돈을 써야 한다고 생각한다. 그 이유는 무의식중에 자신에게는 그만한 돈을 쓸 가치가 없다고 생각하기 때문이다. 자신에게 투자하지 못하는 사람들의 마음을 들여다보면, 자신은 그걸 받을 자격이 없다고 생각하기 때문이다."

자기 스스로 자기를 받을 자격이 없는 사람으로 생각하면 남들도 그렇게 생각한다. 습관이라는 것이 무섭기 때문에 아이들도 어느 순간 그렇게 생각한다. 엄마가 늘 생선 머리만 먹으니 아이가 커서도 엄마에게는 생선 머리만 준다는 이야기도 있듯이 자신의 가치는

278

Chapter 4
아줌마는 결혼했다고 되는 것이 아니라
자기를 알았을 때 된다

스스로 만들어 가는 것이다. 찜 목록에 한가득 쌓아 놓은 물건 중 나의 것을 찾아 클릭하자. 아줌마는 충분히 그럴 만한 가치를 지닌 사람이다. 죄스러운 것도 버릇이 되고, 뻔뻔해지는 것도 버릇이 된다.

그렇지 않으면 결혼식 같은 공식 행사에 갈 때 마땅히 입을 옷 한 벌 없게 된다. 남자들은 시각적인 동물이다. 아내로서 절약하는 모습이 예쁠 수 있지만, 여자로서는 별로 일 것이다. 누구의 엄마로는 괜찮지만, 여자로서의 매력은 없다. 매력을 잃어 가는 자신에 대해 생각해 본 적이 있는가? 향기를 잃은 자신에 대해 생각해 본 적이 있는가? 삶이 무료하고, 뭔가 억울하며, 나만 정체된 것 같은 생각을 한 적이 있는가?

그렇다면 자신에게 적절한 보상을 하는 습관을 가지고 있는지 반성해 보자. 매번 계산기를 두드리다 보면 결코 보상할 수 없다. 지출해야 할 것이 너무 많기 때문에 나에게까지 기회가 주어지지 않는다. 매달 혹은 몇 달에 한 번이라도 정기적으로 날을 정해 열심히 살고 있는 나에게 보상을 주자. 습관을 들이자.

사주를 고치기 위해서는 성격을 고치고, 성격을 고치기 위해서는 습관을 고쳐야 한다는 말처럼 하녀같이 사는 습관을 버리지 않으면 시간을 만들 수 없고, 보상하는 습관을 가지지 않으면 남들이 자신의 가치를 알아볼 수 없다.

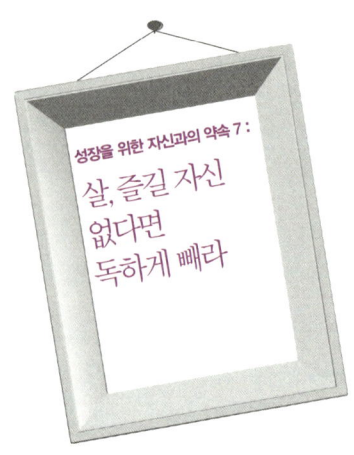

성장을 위한 자신과의 약속 7 :

살, 즐길 자신
없다면
독하게 빼라

아줌마들 대부분이 살을 빼고 싶어 한다. 하지만 출산 후 불어난 살은 빠지지 않는 살이라고 하면서 고민만 하다 그냥 스트레스 받아 먹는 경우가 일쑤다. 이렇게 먹다 보니 먹는 습관에 익숙해져 먹지 않으면 어지럽다고까지 한다. 그러니 더 이상은 살을 뺄 수 없다. 살을 뺄 수 없다면 내 몸에 붙은 살들과 조화롭게 살아야 하는데, 세상에 온통 날씬한 사람들이라 그럴 수도 없다. '살이 좀 있다

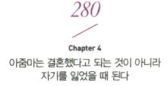

고 나쁠 것 없잖아?' 하다가도 텔레비전을 켜면 화가 나고, 옷을 사러 나가면 초라해지는 자신과 만난다.

뿐만 아니라 살이 찌면서 남편과의 잠자리도 소극적으로 변한다. 손길을 느껴야 하는데 혹시 내 치부인 살들을 들킬까 자유롭지 않다. 이미 같이 사는 남자라 다 아는 살인데도 아내의 신경은 남편 손길이 닿는 살들에 집중되어 있다. 그러니 느낄 사이도 없고, 즐거움도 없다. 자세 역시 한 가지 자세만을 고수하게 된다. 자신이 위로 올라가면 처진 뱃살이 더 잘 드러나기 때문이다. 관계를 가지면서 행위 그 자체에 몰입하지 못하기에 오르가즘 또한 기대할 수 없다.

지금처럼 먹어서는 절대 살을 뺄 수 없다. 살을 빼기 위해서는 좋은 롤 모델이 필요하다. 롤 모델 한 사람 이상을 꼭 정해 사진을 곳곳에 붙여 놓고 자극받길 바란다. 몸짱으로 유명세를 탄 정다연 씨 역시 자신의 롤 모델을 찾은 후 살을 빼기 시작했다는 얘기를 읽은 적이 있다. 우선 자신에게 맞는 롤 모델을 찾기 바란다.

그리고 다이어트의 적인 탄수화물을 끊길 바란다. 탄수화물은 단백질과 달리 빨리 소화된다. 무엇보다 나쁜 것은 탄수화물은 탄수화물을 부른다. 이것은 과학적으로 입증된 사실이다. 탄수화물은 자신과 같은 탄수화물의 맛을 기억해 늘 생각나게 하고 몸에서 필요한 것처럼 가장한다. 탄수화물만 적게 먹어도 살이 빠진다. 이와 더불어 꼭 해야 할 것이 있다. 영상을 바꾸는 일이다.

앞에서도 이야기했지만 뇌는 '실제'(현실)와 '상상'(비현실)을 구분하지 못한다. 그래서 실감나게 영화를 보듯 상상을 통해 영상을 쏘아 올리면 그것을 실제로 받아들인다. 이 이론을 바탕으로 많은 운동선수들이 이미지 훈련을 한다. 자신의 단점을 보완하기 위해 많은 시간 자신이 운동하는 모습을 떠올리고, 때로는 실제 경기 속의 자신을 그리면서 뇌를 훈련시킨다. 이런 시간을 통해 현실에서는 잘 고쳐지지 않던 단점들을 고친다. 이 밖에도 카레이서 선수들은 사고 방지를 위해 이와 같은 영상 훈련을 많이 한다. 실제 레이싱을 하는 영상을 그리며 실수를 줄여나가는 것이다. 성공한 사람들 역시 이와 같은 영상훈련을 했다고 밝히고 있다. 별 볼일 없던 시절, 상상을 통해 구체적으로 꿈을 꾸고, 마치 그 사람이 된 것처럼 행동했다.

살을 빼고자 한다면 영상을 바꿔야 한다. 사례를 들어 상세히 설명해 보겠다.

살이 쪄서 다이어트를 결심한 아줌마는 반드시 살을 빼겠다고 다짐한다. 맞는 옷도 없고, 어딜 가도 자신의 뱃살만 보는 것 같아 부끄럽다. 그래서 운동과 더불어 음식을 절제하기로 했다. 하지만 음식이 앞에 놓이면 갈등한다. '이거 먹으면 살찌는데…' 갈등하면서도 결국 두어 숟가락만 먹겠다고 결심을 하고 수저를 든다. 그러나 두어 숟가락은 언제 먹었는지 모르게 끝이 나고 배고픔에 또 갈등하기 시작한다. 음식 맛을 본 후 더 간절히 먹고 싶어진다. '그래 오늘까지만 먹고 내일부터 절대 먹지 않으리라!' 다짐에 다짐을 하면서 또 먹기 시작한다. 최후의 만찬을 하듯 급하게 많은 양을 먹는다. 그리고 수저를 놓는 순간 제정신이 돌아오고 후회가 밀물처럼 밀려 온다.

자, 이제 뇌에게 어떻게 말을 걸고 영상을 쏘아 올리는지 살펴보자.

'이거 먹으면 살찌는데…'란 말과 동시에 아줌마는 무의식적으로 이 음식을 먹고 살이 찌는 자기 자신의 모습을 떠올린다. 출렁이는 뱃살이 눈 깜짝할 사이에 영상처럼 지나간다. 뇌는 그 영상을 받아들여 출렁이는 뱃살을 목표로 한다. 이렇게 지금보다 더 살이 쪄야 한다고 이해한다. 뇌는 지시대로 음식을 에너지로 태우지 않고 저장하려 든다. 그리고 '내일부터 절대 먹지 않으리라!' 다짐에 다짐을 하면서 또 먹기 시작하자, 뇌는 마지막 식사를 하듯 급하게 많은 양을 배에 저장한다.

이처럼 무의식적으로 뇌에게 음식을 안 줄 거라고 선언하면 다급해진다. 모든 기관을 움직여야 할 에너지원이 사라지게 되는 것이니 대비해야 한다. 다음 날 뇌는 비상식량이 있지만 굶기를 원하지 않기 때문에 음식을 원한다는 신호를 계속 보낸다. 치킨, 피자, 떡, 밥 등 맛과 질감으로 생각나게 만든다. 그래서 다이어트를 결심한 다음 유독 음식의 유혹에 시달리는 것이다.

이와 반대로 아무리 먹어도 살이 안 찐다는 아줌마들을 잘 관찰해 보라. 먹으면서도 "난 먹어도 살이 안 쪄요!" 한다. 그건 자신도 모르는 사이 뇌에게 명령을 하는 것이다. 먹어도 살을 찌우지 말라고 말이다. 그러면 뇌는 빠르게 음식을 에너지원으로 바꾸려고 애쓴다. 마른 아줌마들은 하나같이 자신에 대한 마른 영상을 가지고 있다.

자, 이제 이해했으면 자신이 원하는 영상만을 떠우도록 노력하자. 음식을 먹으면서 "이걸 먹으면 살이 찌는데…" 하는 말을 의식적이든 무의식적이든 하지 말자. 나는 기름진 음식을 먹을 때도 "이건 몸에 필요한 영양소다"라고 말한다. 그리고 먹고도 날씬한 나의 몸을 영상으로 쏘아 올린다.

당장 살이 확 빠지지는 않는다. 그렇지만 뇌는 내가 쏘아 올린 영상 때문에 음식을 조절하려 들 것이고, 먹은 음식을 빨리 분해해 몸에 남지 않게 할 것이다. 또한 적게 먹을 수 있도록 각종 호르몬과 포만감을 주는 요인을 만들어 낼 것이다.

아줌마 누구나 예전의 괜찮았던 당신으로 돌아가길 진심으로 바란다. 자, 이제 살을 빼고 싶다면 탄수화물을 줄이고 롤 모델을 찾아라. 그리고 무엇보다 영상을 이용해라. 어떻게 보면 살을 빼는 것이 변화의 가장 큰 걸음이 될 수 있다.

"마음이 혼란스러운 것은 음식이 다 원인입니다. 음식을 절제하면 마음이 안정되고 작은 일에 동요하지 않습니다. 과식을 하면 몸 안의 기가 무겁게 되어 마음이 제 갈 길을 정하지 못합니다. 과식으로 배가 꽉 차면 기가 무거워져 자연스럽게 졸음이 옵니다. 잠에서 깨도 나른하고 얼굴이 무겁게 느껴지는 이유는 심기가 빠져

전신에 힘이 빠져 버리기 때문입니다. 몸이 받아들일 수 있는 양보다 많이 먹으면 그것이 탁한 피와 살이 되어 결국 병에 걸립니다. 배에 머물던 음식이 없어지면 자연히 병도 낫습니다. 조금 먹어야 상쾌하다는 것을 알면서도 실행하지 못하면 미련한 사람입니다."

- 미즈노 남보쿠, 《식탐을 버리고 성공을 가져라》 중에서

성장을 위한 자신과의 약속 8 :

아낌없이
투자하기

무엇을 위해 그토록 돈을 모으고, 자기가 하고자 하는 것들도 미룬 채 사는 걸까? 아줌마, 당신은 무엇 때문인가?

주변에서 잠깐 내 인생은 미뤄 두고, 아이들의 더 나은 미래를 위해 교육에만 골몰하며 사는 분들을 많이 본다. 이 학원, 저 학원을 알아보고 비싼 학원비를 들여 가면서 생활비를 쪼개 살아간다. 그러고도 여유가 있으면 남들보다 좋은 소파와 멋진 가구들로 집안

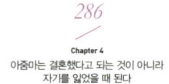

을 채운다. 그러고도 여유가 있으면 평수를 늘릴 생각에 이런저런 고민을 한다. 학원을 보냈는데 아이가 공부를 잘하면 좋다. 비싼 가구가 가득한 집은 멋져 보인다. 집을 장만하면 2년마다 이사를 가지 않아도 되니 좋다. '집을 장만하고 나면', '아이들이 크고 나면' 하겠지만 그때가 되면 또 다른 일이 막아서기 마련이다.

어떻든 다 이루었다 치자. 그 많은 것들을 하고, 또 사고 나면 내 인생의 시계는 어디를 가리키고 있을지 생각해 본 적 있는가! 미뤄둔 인생을 살기에는 힘이 빠졌거나 몸이 아프거나 시들해지지 않았을까! 〈꽃보다 할배〉라는 여행 프로그램에서 신구, 이순재 선생님은 이런 말씀을 하셨다. "젊을 때 왔어야 하는데… 늙으면 모든 것이 시들해진다." 늦게 혼자 여행을 하는 분들도 꼭 같은 말을 한다. 그러면서 한 살이라도 젊을 때 다니라 한다. 가고 싶을 때 여러 이유로 머뭇거리지 말고 당장 행동하라고 한다. 비단 여행만 그런 것이 아니다. 아이들 학원비 때문에 자신 혹은 남편이 배우고 싶은 걸 막지 말고, 해야 할 것을 미루지 말자. 당신 인생의 몇 퍼센트는 자신을 위해 투자하자.

결혼을 하고 아이가 생기면 내 인생의 많은 부분을 내려놓는다. 그건 당연하다. 하지만 '잠시 동안' 하던 것이 '지금껏'인 것은 아닌지, 변화가 두려워 이런저런 변명으로 성장을 가로막으며 하루살이 인생을 살고 있지는 않은지 생각해 보자. 아줌마 당신은 충분히 나아질 수 있고, 원하는 삶을 살 자격이 있다.

믿음

1. 지금은 반달이지만 시간이 차면 보름달이 된다

내가 지금 반달로 떠 있어도 시간이 차면 원래의 보름달로 돌아가리라 믿어라. 믿는 것만으로 효과가 있다. 다 잃어버릴 것 같지만 시간이 되면 보름달처럼 차오른다.

2. 신은 공정하다. 세상은 돌고 돈다

육아로 자유를 잠시 보류한 아줌마들이여! 남편의 자유를 부러워 마라. 억울해하지 마라. 곧 시간이 온다. 신은 공정하다.

원칙

1. 나와 남편은 평생 친구다

결혼하고 처음 3년 동안 이것 때문에 가장 많이 싸웠던 것 같다. 남편은 우리가 여전히 친구인 줄 아냐고, 말투가 왜 그러냐고, 끝도 없이 '남편 대우'(?)에 대해 이야기했다. 그때마다 나는 "난 남편과는 그리 오래 살 자신이 없어. 길어야 10년? 하지만 친구로는 평생 살 자신 있어. 난 평생 친구를 얻으려 결혼했지. 남편을 얻으려 결혼하지 않았어. 내 가장 친한 친구는 당신이야"라고 반응했다. 남편도 어느 순간 남편을 놓고 친구로 살자는 내 이야기를 받아들였다. 남편과 사는 건 어렵다. 친구로 살길 바란다.

2. 잠자리가 평등해야 부부관계가 평등하다

늘 대화가 순조롭고 작은 이야기에도 즐겁게 웃을 수 있는 부부들을 보면 잠자리가 평등하다. 잠자리 평등? 아내들은 남편이 원해서, 잠자리를 응하지 않으면 바람날까 봐 잠자리를 한다. 그마저도 재미없는 아내들은 의무 방어전도 피한다. 그런 부부들은 이불 속에서 자유롭지 못하기 때문에 육아 문제 말고는 자유롭게 서로의 감정에 대해 이야기하지 않는다. 당연히 서로가 원하는 것을 알지 못한다. 몇 년을 함께 살면서도 서로 가장 좋아하는 자세도 모르고, 이불 속 이벤트도 없다. 제발 이불 속에서 입을 열어 '그건 싫어, 이게 좋아, 이건 어때? 이렇게 해줘'를 요구하기 바란다. 남편이 시원찮다고 이야기하지 말고, 적극적으로 내가 가장 좋아하고 가장 잘 느낄 수 있는 자세 연구에 들어가자.

3. '말 안 해도 알겠지?' 하는 마음이 상처를 만든다. 즉시 말하라

나 역시 예전에는 화가 나고 속이 상하면 입을 닫았다. 그리고 며칠을 침묵 수행(?)으로 일관했다. 하지만 남편은 왜 내가 화가 났는지 항상 몰랐고, 그것 때문에 나는 더 화가 나 다시 입을 닫게 되었다. 그러다 '아~ 내 마음이 네 마음 같지 않구나!'를 깨닫게 되었다. 남편이 무심해서라기보다는 남자와 여자는 느끼고 받아들이는 게 다르다는 것, 남자와 여자를 떠나 사람들은 각자 다르다는 지극히 평범한 진실을 잊고 있었다는 것을 떠올렸다. 남편은 내가 아니다. 말하지 않으면 절대 모른다. 꼭 말해 줘야 안다. 혹여 알더라도 입 밖으로 내어 말하라. 꼬집어서 한 얘기는 잊지 못하는 법이다.

4. 백 번 양보해라. 단 기 싸움에서는 물러서지 마라

내가 잘 아는 한 분은 사고뭉치인 남편과 살고 있다. 이 남편은 자신만을 위한 투자와 쇼핑을 좋아한다. 그러다 보니 집안 경제는 늘 돈으로 쪼들린다. 남편이 한 번씩 사고를 칠 때마다 아내는 싸우고, 울고 하면서 '당신과는 정말 못살아! 이혼해!' 했다. 신혼 때는 이 약발이 받기도 했는데, 아이가 생기고 나니 약발이 받지 않았다. 그럼에도 아내는 사건이 생길 때마다 늘 '이혼해! 못 살겠어!' 했다. 그러던 어느 날 남편이 이혼 서류를 가지고 왔다. 본인이 작성해야 할 부분까지 이미 빼곡히 적어 놓고는 나머지를 작성하라고 내민 것이다. 아내는 평소 한 말이 있어 '그러겠노라' 하고 큰 소리는 쳤지만, 그날 밤 겁이 나서 서류를 들고 도망 나왔다. 그 후로 아내는 사고뭉치에 윽박까지 지르는 남편을 모시고 산다. 이 남편도 이혼의 의지가 없었다. 승부를 위해 무리수를 던진 것뿐이다. 대다수의 남편들은 이런 식의 기 싸움을 한다. 기 싸움을 하자고 덤벼들면 절대 지지 마라. '백 번은 그래, 그래!' 하다가 한 번의 진검 승부를 하려는 남자들의 속성을 역이용하면 반드시 이길 수 있다.

5. 본전 생각나면 하지 마라

남편, 아이들, 시댁과의 관계에서 본전이 생각나면 하지 말아야 한다. 다시 말해 공짜로 주어야지 대가를 생각하면 자신만 괴롭다. 너무 많은 희생에 대가가 없으면 늘 허전한 법이다.

6. 엄마도 인생이 있다

아이들이 어릴 때부터 "너희들 인생만 있는 게 아니라 엄마의 인생도 있다. 지금은 너희들 키우느라 그럴 시간도, 정신도 없지만 곧 여유가 생길 거고 그러면 그때는 엄마가 너희들의 성장을 돕듯 엄마를 도와줘야 한다"라고 가르쳤다. 다른 아줌마들은 애들이 "그 말을 알아들어요?" 한다. 아니다. 잘 알아듣는다. 당장 알아듣지 못한다 해도 크면서 그 의미를 알고 도와주려 한다.

7. 다 잘할 수 없다는 것을 가르쳐라

'다 잘할 수 없다.' 아이들에게 "다 잘할 수는 없어. 잘하는 것에 더 집중하렴!"이라고 말해 주라. 내가 이런 얘기를 하면 다른 엄마들이 "그러다 잘하는 것만 하려하면 어쩌려고 그래?" 하고 묻는다. 그러나 그건 모르고 하는 소리다. 한 가지에 집중해 성공을 맛본 아이는 다른 것도 잘하고 싶어 한다. 또 잘하는 요령도 알고 있어 어떤 것이든 부딪쳐 자기만의 성공을 이루어 낸다. 다 잘하려고 했던 아이일수록 이도저도 못하는 아이로 성장할 가능성이 높다.

아이에게 되지도 않는 완벽을 강요하지 않으니, 아이도 엄마에게 완벽을 바라지 않는다. 서로 잘하는 것에 집중하게 된다.

8. 자부심은 오로지 내 몫이다

모든 심리적 치료의 목적은 자부심을 되찾는 것이다. 자부심을 찾도록 누군가 도울 수는 있지만 찾아줄 수는 없다. 우리의 뇌는 1.5킬로그램에 불과하지만 컴퓨터 칩과 비슷해 대형 건물이 들어서 있는 도시 전체와 맞먹는 정보를 담고 있다고 한다. 내가 무의식적으로 하는 부정적인 말을 긍정적인 말로 바꿔라. 그러면 막강한 힘을 가진 뇌가 긍정적인 상황을 만들고 찾아갈 것이다. 긍정도 습관이다. 그 습관이 잃어버린 자부심도 찾게 할 것이다. 자부심을 찾기 위해서는 노력해야 하고 행동해야 한다.

아줌마의 인생에 변화는 선택이 아니라 필수다.

변화란 다른 존재가 되려고 애쓰는 것이 아니라 가장 '나다운 나'가 되기 위해 노력하는 것이다.

잊고 살았던 내 이름을 다시 세우는 일이다.

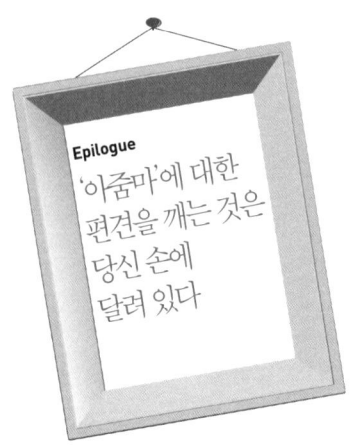

아줌마와 관련한 자기 계발서를 쓰고 있다니깐 주변 분이 "아줌마라는 단어가 거슬리지 않아? 아줌마도 아줌마라 부르면 싫어하는데, 아줌마라 하는데 책이 팔리겠어? 아줌마 말고 다른 말 없어? 언니로 바꾸는 게 어때?" 했다. '홍길동의 호부호형도 아니고, 아줌마를 아줌마라 한다고 책이 안 나간다고?'

또 어떤 분은 "아줌마는 책을 안 사. 사먹긴 잘 사먹는데 책은 안

사지. 아이 책은 전집으로 사도, 자기 책은 한 권도 돈 아까워 못 사. 혹 사도 읽지 않을 걸?" 하고 낄낄대더니, "글의 방향을 바꾸는 게 어때?" 하고 덧붙였다.

아줌마에 대한 사회적 편견은 예나 지금이나 변한 게 없다. 파마머리 아줌마도 없고, 자리에 앉겠다고 지하철에서 가방 던지는 아줌마도 없는데, 매체에서는 아직도 그 모습이 '아줌마'인 것처럼 떠들어댄다. 같은 책상에 앉아 경쟁자로 살다가 아이 좀 키우겠다고 물러나 앉은 아줌마들에 대한 대우가 형편없다. 자기계발에는 담 쌓은 일자무식 취급이다. 아이들 키우느라 발휘되지 않고 있는 잠재력에 대한 두려움 때문인지도 모른다. 학창 시절을 떠올려 보라. 남자보다 여자가 더 공부를 잘한다. 집중력도 좋다. 뭔가 시작하기만 하면 남자쯤은 너끈히 제친다. 그러니 아줌마의 저력을 알고 있는 사악한(?) 무리들이 아줌마를 평가 절하해 스스로 일어서지 못하게 하려는 음모가 아닐까! 책도 안 읽고 사지도 않는다니! 기가 막힌다.

솔직히 이런 편견 때문이라도 책 제목이 '아줌마'를 달고 잘 돼서 많이 읽혔으면 좋겠다. 사회적 편견과 틀을 만든 것은 내가 아니지만, 깨는 것은 나일 수 있으니 공평한 게임이다. 깨고 나오느냐 편견대로 사느냐는 오로지 아줌마, 당신 몫이다.

P.S. 내 남편 석환, 아들 윤서, 윤우
그리고 나의 어머니와 아버지께 감사를 전한다!

아줌마 당신은 참 괜찮은 사람입니다

초판 1쇄 발행 2015년 3월 2일
초판 2쇄 발행 2016년 1월 22일

지은이 윤숙

펴낸이 박세현
펴낸곳 팬덤북스

기획위원 김정대 · 김종선 · 김옥림
편집 김종훈 · 이선희
디자인 강진영
영업 전창열

주소 (우)03966 서울시 마포구 성산로 144 교홍빌딩 305호
전화 070-8821-4312 │ **팩스** 02-6008-4318
이메일 fandombooks@naver.com
블로그 http://blog.naver.com/fandombooks

등록번호 제25100-2010-154호

ISBN 978-89-94792-35-4 13320